감사하면
보이는 것들

감사하면 보이는 것들

초판 1쇄 2022년 03월 24일

지은이 민예숙 | **펴낸이** 송영화 | **펴낸곳** 굿웰스북스 | **총괄** 임종익

등록 제 2020-000123호 | **주소** 서울시 마포구 양화로 133 서교타워 711호

전화 02) 322-7803 | **팩스** 02) 6007-1845 | **이메일** gwbooks@hanmail.net

© 민예숙, 굿웰스북스 2022, *Printed in Korea*.

ISBN 979-11-92259-06-2 03190 | **값 15,000원**

THANKS

감사는 행운이 들어오는 마법의 문이다!

감사하면 보이는 것들

민예숙 지음

굿웰스북스

감사가 대세다

나는 눈물이 안 나온다. 어릴 적에는 많이 울었다고 한다. 성인이 돼서는 잘 울지 못했다. 원인은 사랑받지 못하고 컸기 때문이다. 이 말을 듣는 순간 가슴에서부터 훅하고 올라온다 눈에 습기가 찬다. 아~ 사랑! 그 흔한 단어가 내게는 없는 원인을 알고 싶었다. 어릴 적 글쓰기가 좋았던 적이 있다. 성인이 되고 결혼해서 아이들이 커갈수록 어떤 목마름은 있었다.

〈한국책쓰기강사양성협회(이하 한책협)〉의 책 쓰기 특강에 참여했다. "성공해서 책을 쓰는 것이 아니라 책을 써야 성공한다."라는 김태광 대표님의 말씀이 귀에 쏙쏙 들어왔다. 김태광 대표님은 나에게 맞는 주제와 목차를 잡아주셨다. 내가 쓰고 싶은 부분을 정확하게 짚어주셨다. 사랑받지 못하는 이유를 찾아들어가다 보니 감사에서부터 시작한다. 나의 인생은 감사를 알게 되면서부터 확 바뀌었다. 그리고 지금은 감사생활을 하고 있다. 감사는 모든 것을 치유한다. 좋은 것을 끌어당긴다. 그리고 매일매일 좋아진다. 온 우주라는 밭에 감사의 씨앗을 뿌린 결과이다.

이 책이 나올 수 있도록 도와주신 〈한책협〉과 김태광 대표님, 〈인생라떼〉 권마담님, 한책협 작가님들 모두 감사합니다. 천리교 신앙을 할 수 있도록 도와주신 천리교청주교회장님과 사모님 영운언니 신자분들 감사합니다.

부모님, 저를 길러주셔서 감사합니다. 사랑합니다. 남동생들, 남편, 세 딸들, 시댁 부모님, 시댁 형제, 동서, 나를 응원한 동창 친구 감사합니다. 마지막으로 책이 나오기까지 애써주신 출판사 관계자분들께 감사를 전합니다.

모든 분들 힘든 세상 같이 살아주어서 감사합니다.

목 차

1장 열심히는 살고 있습니다만 여전히 불행한 이유

2장   그럼에도 불구하고 감사합니다

3장   감사는 결국 훈련이고 습관이다

4장   위기를 맞았을 때 더욱 감사하라

5장   항상 감사를 선택하라

열심히는 살고 있습니다만 여전히 불행한 이유

01

행복한 척하는 인생은 그만둬라

/

〈tvN 김창옥쇼〉를 보면 '당신은 안녕한가?'라는 멘트가 나온다. 당신은 스스로에게 인사를 해본 적이 있는가? 생각해보니 없다. 그동안 나는 나 아닌 다른 사람의 시선에 초점을 맞추고 살아왔다. 내가 없다. 그러다 보니 재미가 없다. 내가 하고 싶은 것을 할 수가 없다. 어쩌다 이렇게 되었을까?

〈한책협〉의 대표 코치님이신 김태광님의 유튜브를 보면서 '아, 이래서 내가 이렇게 되었구나!' 하는 답을 찾았다. '오랜 세월 이 답을 찾아 여기저기 다녔구나.' 하는 생각이 들었다. '와! 신기하다. 답을 찾으면 구해지는 세상이라니! 내가 찾지 않아서 못 찾은 것이구나!' 하는 생각도 들었다. 〈김도사TV〉에서는 다양한 내용을 다루고 있었지만, 그중 나는 가족들에 관한 생각들이 나를 힘들게 하는 원인이라는 알게 되었다. "내 가족들은 성공한 사람들이 아니다. 평범한 사람들이다. 그래서 그것밖에 볼 수가 없다. 더 많은 것을 요구하는 건 욕심이다."라는 말. 와우! 정말 나는 우리 가족들에게 너무 많은 것을 요구했었다. 불행했다. 혼자 북 치고 장구 치고 했다. 부모의 눈에는 내가 미친 사람으로 보이겠지 하는 깨달음.

평소에 나는 책을 많이 읽었다. 다른 가족보다 말을 많이 늦게 배우고 눈치도 없다는 말을 잘 듣는 나에게 유일한 취미가 독서였다. 경제적으로 넉넉하지 못한 삶이었다. 주로 도서관에서 빌려 읽었다. 도서관이 있어서 감사하다. 그 귀한 책을 어디 가서 읽겠는가?

평범한 사람들은 자신이 살아온 것이 정답이기 때문에 더 좋은 것을 볼 시야가 부족하다. 그리고 생각도 열려 있지 못하다. 우리 부모님이 그러한 삶을 사신다. 부모님은 그저 직장 생활 잘 하고 돈을 저축해서 집을 사고 가족과 함께 부족하지 않게 먹고 편안한 삶을 사는 것이 목표다.

그런데 나는 그렇질 못했다. 독서를 많이 하다 보니 생각이 열려 있었던 듯싶다. 평범한 삶을 살고 싶지 않은 것이었다. 그런 나에게 부모님은 돈을 벌어 시집을 가야지 하는 말로 모든 것을 결혼으로 연결했다. 부모님도 결혼해서 잘 사는 것도 아니면서 왜 결혼을 강조하셨는지 이해가 안 됐다. 말로는 '결혼을 안 하려고 했는데 누구 때문에 했다.'라는 식으로, 남의 탓으로 다 미루는 것이었다. 살다가 일이 잘 안 되면 '그것 때문에 안 된 것이지 내가 잘못한 것이 아니다.'라고 일관되게 말씀하시곤 한다. 그런 부모님을 보면서 다른 방법으로 생각하시는 분들도 계시는데 꼭 그런 시야로 삶을 바라보셔야 했는지 답답했다. 나는 다른 것이 보이는데…. 여기서 출발을 했다.

이 답을 찾기 위해 나는 대한천리교를 선택했다. 종교는 누가 믿으라고 억지로 강요한다고 되는 것이 아니다. 신의 뜻이 있어야 한다. 인간은 서로가 남이 아니며 서로 도우며 즐겁게 살아가는 존재라는 것이 천리교 신앙의 목표이다.

부모님과의 생각이 달라서 많은 부딪침이 있었을 때 신님은 가장 먼저 티끌이 많은 나를 신앙의 길로 들어서게 해주었다. 내가 살아가고 있는 것이 아니라 누군가에 의해 살려지고 있다는 말에, '어! 지금까지 부모님에게서 배운 것이랑 다르구나!'라는 생각이 들었다. 혼란, 혼선을 겪는다. 20년 가까운 습관이 어디 하루아침에 이 신님의 말을 듣고 달라지겠는가? 나는 매일 근행을 본다. 신님의 뜻에 맞추기 위해.

내가 일하는 매장에서 고객님이 귀마개를 찾는다. 나는 머릿속에 떠오

15

르는 것이 있어 추울 때 쓰는 귀마개를 권했다. 헉! 그런데 그것이 아니었다. 잠을 자거나 일할 때 쓰는 귀마개였다. 그 고객님은 화를 냈다. 아~~! 한 번 더 질문할 걸 그랬다. 서로 간의 대화가 안 맞아서 일어난 현상이다. 상대방이 쓰는 단어를 모든 사람이 안다는 사실에서 출발한 것이고 나는 내가 쓰는 단어로 상대의 말을 들었다. 상대를 향한 초점이 아닌 나 자신의 초점으로 사고해 일어나는 현상이다.

 핑계를 대면서 합리화를 하는 경우도 있다. 책임을 지면 쉽게 해결된다. 인정하면 아픔을 느끼지도 않는다. 인정하고 '감사합니다. 덕분에 배웠습니다.'라고 해보니 괴로움이 거짓말처럼 사라진다.
 행복은 상대적인 듯하다. 비교해서 내 것이 작으면 불행해지기 시작한다. 비교가 제일 안 좋다는 말을 한다. 내 자존감도 떨어지고 의기소침해진다. 비교는 내가 제일 잘하는 것이었다. 비교의 늪에서 벗어나는 일은 쉽지 않다. 그러나 마음만 먹으면 천천히 빠져나올 수 있다. 희망은 있다. 내가 선택만 하면 되지 않을까 하고 생각한다. 생각을 많이 하는 것을 내려놓고 오늘부터라도 비교하는 마음이 올라오면 일단 생각을 멈추고 '내가 여기서 비교하면 무엇이 얻어질까?' 하고 자문해보자. 내가 갖지 못한 것들이 크게 느껴진다. 모든 것들이 부정적으로 변한다.

 10년 전 나는 13평 빌라에서 전세를 살다 24평짜리 아파트를 사서 이

감사하면 보이는 것들

사를 했다. 좁은 공간에서 쌍둥이를 기르는 것이 불편했다. 아파트는 엘리베이터가 있어서 쌍둥이 유모차를 실을 수 있었다. 집에 들어오면 가을인데도 따뜻했다. 정말 감사했다. 그런데 내 친구가 새 아파트로 이사를 했다는 말을 듣고 나서는 그 친구 축복은 못 해주고 '우리 집은 지은 지 10년이 넘은 건데.' 하고 비교를 시작했다. 그다음부터는 집이 좋아 보이지 않았다. 불만이 쌓이기 시작하면서 남편에게 공격적인 말들을 하기 시작했다. 남편은 집에 점점 늦게 들어오기 시작했다. 나는 점점 울상이 되어갔다. 이것만으로도 얼마나 감사한지를 잊었기 때문이다. 비교는 자존감이 낮아지는 지름길이다.

내가 여기서 화를 내면 무엇이 얻어질까? 화를 내는 것을 줄이고 싶어서 실천을 해보았다. 정말 신기했다. 화를 안 내고 3초만 참으면 모든 것이 평화로워진다. 말대답을 안 하게 되고 그다음 줄줄이 어떤 일도 일어나지 않았다. 한 번 성공하면 다음은 가속도가 붙어서 자주 성공을 한다. 이 신기한 경험을 한 뒤로 나의 화는 점점 줄어들어 마음의 평화를 얻게 되었다. 이 얼마나 감사한가! 방법을 알고 싶은 모든 사람에게 알려주고 싶기도 하다. 그들이 선택만 하면 내 앞의 선배가 성공한 것처럼, 또한 내가 성공한 것처럼 된다. "뚱뚱이는 한 입 먹고 뚱뚱해지지 않는다."라는 중국 속담이 있다. 한번 해보는 거다. 망설이지 말고.

나는 두려움이 많은 사람이다. 그러면서 두려움이 없는 척한다. 나 혼자 고민한다. 아무도 모르리라 생각하지만, 누군가의 눈에는 보인다. 나는 이리 치이고 저리 치인다. 개밥에 도토리 같은 신세. 불안과 두려움은 내 인생에 친구이다. 항상 따라 다녔다. 그래서 친하다. 그리고 경계심이 심하다. 물어보고 또 물어보고 반복적으로 확인한다. 경계하는 이유는 '내가 확실히 알고 있는가?' 하고 나를 점검하기 위함이다. 그리고 상대도 확실한지 확인한다. 그렇지 않으면 우왕좌왕하고 제대로 결실을 맺을 수 없다는 걸 알기 때문이다. 비행기가 올라가면 목적지까지 가야 하기에 멈출 수 없다. 틀려도 수정하면서 가야 한다. 나는 비행기다. 비행기는 떠올라야 한다.

행복한 척하는 것은 거짓의 옷이다. 나를 사랑하지 않는 것이다. 나는 오늘부터 나를 사랑하겠다고 결정했다. 매일 조금씩 나는 나를 사랑한다. 나는 나를 사랑하며 존중한다. 함부로 살 수 없으니까 내 인생은 내가 책임진다. 나를 믿고 나아가야 한다. 나는 나이가 들어갈수록 더 좋다.

나는 왜 행복하지 않을까?

/

당신은 행복합니까? 나는 행복하지 않다. 왜일까? 내가 하고 싶은 것을 할 수 없어서이다. 내가 하고 싶은 것은 무엇일까? 상상의 나래를 펴는 것을 좋아한다. 혹자는 나에게 정신이 현재에 없고 다른 곳에 있다고 한다. 내 정신은 어디에 있는 것일까? 끝도 없이 나에게 물음표를 던진다. 평범한 사람처럼 생각하지 않는 이유는 무엇일까? 내가 생각하는 것이 정말 없는 것일까? 나는 내 전생을 알고 싶다. 알아봐야 부끄러운 일이 많다고 하는데 그 말이 사실일지도! 그런 생각을 한다. 답을 찾았다. 나는 걱정이 지나치게 많았던 것이다. 걱정을 많이 하면 부정적으로 된다는 사실을 미처 깨닫지 못했다. 그리고 내가 부정적으로 생각을 많이 하면서 무기력해지고 만사를 귀찮게 여기는 사람이 되었던 것이다. 축 늘어져서 내가 뭘 하든 되는 것이 없다고 생각을 가져간다. 남들에게 부정의 바이러스를 뿌렸다는 점. 드디어 쉽고도 어려운 내 불행의 원인을 찾아냈다.

〈한책협〉 대표 코치님 훌륭하십니다. 답을 주셔서 감사합니다. 책 쓸거리를 잡아주는 대표님 역시 도사님입니다. 감탄을 자주 하곤 한다.

나는 남편과 말로 자주 부딪친다. 그래서 내 가정이 어두웠다. 그 이유를 알게 되었다. 남편이 밖에서 상사에게 깨진 날이었을 것이다. 남편은 자기 마음속에 있는 안 좋은 말을 밖으로 안 하고 내가 하는 말에 토를 달고 반대 의견을 낸다. 나는 내 세계에 빠져서 그런 남편을 돌아보지 않았다. 내가 남편의 말을 듣지 않으니 남편도 자기 생각대로 했던 것이었다. 크고 작은 사건이 계속해서 생겼던 것이다. 그때는 몰랐고 지금은 안다. 그래서 내가 행복하지 않은 것이다. 상대의 입장이 되어서 말하라고 한다. '상대의 입장? 그거 어떻게 말해?' 한 번도 해본 적이 없다. 그래서 상대방의 입장이 되어 말을 하는 연습을 해보겠다고 결심하게 됐다. 우선 명상을 통해 내 말만 하는 것을 멈추는 연습을 했다. 잠깐 멈추기만 하면 되었다. 나는 명상을 3년째 하고 있다. 그리고 상대방의 말을 일부 똑같이 따라서 해본다. 그러면 상대가 내 말을 듣고 있다고 생각하게 되어서 자신의 속에 있는 말을 더 많이 하게 된다. 그리고 그다음 비난을 멈추고 더 긍정적으로 물어본다. 그러면 그가 하고 싶은 말을 듣게 된다. 그리고 내가 어려워하는 부분을 해결해준다. 그래서 남편과의 불화는 해결하게 됐다.

상대방의 입장이 되어 말하기는 먼 나라 딴 나라 이야기인 줄 알았다. '그건 훌륭한 사람만 하는 거야 뭐!' 이런 생각…. 내가 실천해보니 마음만 먹으면 얼마든지 누구나 할 수 있는 것이다. 해결되면 그것은 문제가 아니라고 한다.

나는 나 자신이 악감정에 살았다는 걸 이해했다. 사람들은 원망을 많이 하고 산다. 어떤 날 교회에서 근행을 보고 있었다. 그런데 교회 옆집에서 올라오더니 "시끄러워서 도저히 못 살겠어! 다른 데로 이사하든지 해야지."라고 말씀하시면서 본인의 악감정을 쏟아놓으시는 할머니가 계셨다. 그 할머니의 말 한마디 한마디가 보이지 않는 수많은 화살로 변해 내게 날아오는 것을 느꼈다. 얼마나 따갑던지 30년이 된 지금도 생생하게 느껴진다. 어떤 삶을 살아오셨길래 말에서 화살이 쏟아질까 하고 생각하게 되었다. 옆에 계시던 천리교 선생님이 저분은 원망을 많이 하고 사셔서 집안에 되는 일이 없다, 연세가 많은 나이에 아들은 없고 손주들은 어리고 할머니가 돌봐야 한다는 것이었다. 어? 그 순간 내 머리를 스치는 것이 있었다. 우리 외할머니는 고아다. 당신 자신의 할머니에게 양육을 받으셨다는 말을 하셨다. 그리고 15세에 시집을 오셨다. 그 할머니와 외할머니의 삶이 비슷해 보였다. 천리교에서는 보는 것도 인연, 듣는 것도 인연이라고 한다. 나는 그 할머니의 모습에서 외할머니의 살아온 삶을 살짝 엿본 듯하다.

그길로 외할머니를 찾아갔다. 그리고 대화를 나누면서 우리 할머니가 많은 원망을 하시는 모습을 보게 됐다. 자식을 잃은 슬픔을 가슴에 묻고 엄마가 보고 싶다고 우시는 할머니. 원인을 알 수 없고 그래도 남아 있는 자식들을 위해, 자손을 위해 칠성이라는 곳에 정성을 들이셨다고 한다. 나 죽으면 아무도 안 할 거라고 하시면서…. 그렇다. 어려운 가운데 정성을 들이신 것이다. 이런 분에게 함부로 말할 수 없었다. 당신이 살아온 삶이 있어서 외손녀인 내가 존재한다는 걸 알게 되었습니다. 감사합니다.

잊고 있었던 그 원망을 나는 새삼 내 직장에서 또 만났다. 내가 볼 수밖에 없는 인연이라 받아들이고 있다. 직장에서 만난 그분은 말을 할 때 평범하게 하는데 나에게는 보이지 않는 화살을 쏘고 있다. 말을 할 적마다 내 가슴에 화살이 쏟아진다. 이분도 뭔가에 대해 원망을 하고 계신 것이다. 이분을 통해 나는 아직도 부모님을 이해하지 않고 원망하고 있지는 않은가 하고 생각하게 된다. 나의 부모님은 원망을 많이 하고 사셨다. 그래서 부모님이 한마디 할 적마다 따가워서 그 화살을 피해 다녔다. 어린 마음에 이것이 무엇인지 알 수가 없었다. 그래서 일을 하다 만다고 타박

감사하면 보이는 것들

을 듣곤 했다. 일을 안 하는 것이 아니라 화살을 피하고 싶은 것이었다. 화살을 피하려다 불행해진 것이다. 내가 피하지 말고 받아들여야 했던 것이다.

또 다른 불행은 아이들을 기르면서 생겼다. 걱정하고 불평하면서 살던 시절, 동네 아기 엄마들과 몰려다니면서 힘든 육아, 부모님에 대해 안 좋은 일, 남편이 집안일을 안 도와준다는 등등의 말을 하며 투덜거리고 살았다. 온종일 불평불만을 말하고 있었다. 남편이 들어오면 도움이 되지도 않는 이상한 말만 한다는 타박을 듣곤 했다. 원망이 이렇게까지 될 줄이야!

그러던 어느 날, 한 동네 아기 엄마가 나보고 "언니가 내 욕을 하고 다녔나?"라고 말을 하는 것이었다. "그래, 욕하고 다녔다." 하고 인정했다. 인정하고 나니 더는 그 아기 엄마도 뭐라고 말을 하지 못하고 대화가 중단됐다. 그리고 나는 깨달았다. 내가 잘못한 일은 책임지고 다음에 안 하면 된다는 것을. 그리고 다른 사람들에게 하는 뒷담화는 안 좋은 결과를 가져온다는 것, 그리고 내가 뒷담화를 하면 다른 사람들도 뒷담화를 할까 봐 불안해서 매일 그 무리의 사람들과 어울려 다니려고 한다는 사실을 깨달았다. 그래서 나는 동네 아기 엄마들과의 교류를 끊었다. 나 혼자 도서관에 다니고, 시장에 다니고 했다. 그랬더니 내 마음이 고요해지기 시작했다. 만나고 싶지 않은 사람을 만나고 굳이 같은 부류의 사람이 되

1장_ 열심히는 살고 있습니다만 여전히 불행한 이유

려고 할 필요는 없다고 생각했다. 이것도 내가 불행해지는 원인 중 하나
이다.

　교회에서 전도하는 사람들이 있다. 나도 교회를 다니기에 그런 분들을
무시할 수 없는 관계로 내 신앙을 굳건하게 다지고 있어도 그분들을 무
시하지 않으려 했다. 그런데 그런 내 마음을 이용하시는 것인지 계속해
서 전도하려 하신다. 내가 믿는 신앙이 나는 최고라고 생각하는데 이분
들은 나를 무시하는 것인가 하는 생각을 했다. 물론 내 신앙 얘기를 그
분들에게 자세하게 펼칠 수는 없었다. 자신감 부족으로 '내 신앙이 최고
다.' 하는 것을 잊었기 때문이다. 그렇다고 내가 천리교 신앙을 갖고 있
다고 해서 감사하게 여기는 걸 잊지는 않는다. 이 끊지 못하는 내 마음을
바꾸도록, 〈한책협〉을 통해 책 쓰기를 하는 도중 끊어버리는 수호를 주
셨다. "그래, 네가 마음을 바꾸려고 노력했구나! 그럼 내가 끊는 수호를
주겠다." 〈한책협〉 책 쓰기 과정 중 책을 집중적으로 써야 하는데 이분이
자주 전화해서 만나자고 하신다. 아니, 나는 돈도 벌어야 하고 내 신앙도
이어가야 하는데 어디 여유 시간이 나서 개신교 신도분들을 만나야 하는
가 하는 생각이 들어서 "매일 바빠요. 시간이 안 나요." 하고 끊었다. 이
끊는 걸 못 해서 불행했는데 한 방에 해결을 보게 된 것이다. 〈한책협〉 대
표 코치님은 책 쓰기를 하는 동안은 다른 모든 것을 끊고 집중하라고 하
신다. '그래, 집중하자!' 하고 마음을 먹으니 만나고 싶지 않은 분들을 끊

어낼 수 있었다. "나를 믿고 따라와라. 목숨 걸고 코칭해주겠다."라고 하신 말이 이제야 확 들어온다. 그리고 내 불행의 원인을 찾게 도와주셨다. 감사하다. 감사만으로는 부족하다는 생각이 든다. 나도 다른 사람들을 도와주는 것으로 갚아야겠다.

03

인생이 왜 아직도 힘들까?

/

나는 일을 열심히 하고 사람들을 만나도 최선을 다했다고 생각했는데 내 인생은 왜 아직도 힘든 걸까? 문득 어린 시절이 생각난다.

나는 아버지 직장을 따라 여기저기 이사를 다니며 살았다. 예전에 주민등록등본은 이사할 때마다 볼펜으로 일일이 적었다. 주소 변경이 앞장과 뒷장이 가득 차서 넘어가는 걸 본 적이 있다. 그만큼 이사를 많이 다닌 것이다. 그중에서 성남 단대동으로 기억한다. 어느 날 아버지 동생분이, 나한테는 삼촌이 찾아오셨다. 오실 때 과자를 많이 사 오셨다. 나와 동생들은 과자를 보자마자 먹었다. 평소에 과자를 먹고 싶었는데 형편이 어려워서 사 먹을 수가 없었다. 저녁에 아버지가 오셔서 갑자기 나를 불러놓고는 훈계를 하셨다. "이 과자 누가 사 먹었냐?" 하고 물으셔서 나는 "삼촌이 사 줘서 먹었어."라고 대답했다. 아버지는 당신의 허락도 받지 않고 우리끼리 먹으면 어떻게 하냐는 것이었다. 과자가 있으면 먹으면 되지 아버지의 허가를 받을 이유가 없다고 생각하고 있었다. 계속해서 아버지가 훈계를 이어가시며 말씀하시길, "집에 선물이 들어오면 먼저 아버지에게 말을 하고 그다음에 먹는 것이다." 라고 말씀하셨다. 배가 고파서 먹었는데 보고는 왜 해야 하는지 불만이 쌓였다. "너는 큰딸이면서 그것도 모르냐? 어른에게 먼저 말하고 먹어야 한다."라고 하시는 말에 '왜 나만 혼나야 하지? 동생들은 듣고만 있는데…' 하고 속으로 많이 억울해했던 기억이 난다. 대표로 혼난 것이다. 그다음부터는 먹을 것이 있으면 상황을 말하고 먹고 항상 눈치를 살폈다. 누군가가 "왜 눈치를 보니?"라고 말했다. 당당하게 행동할 수 없는 나 자신 때문에 정말 마음이 힘들었다.

내가 살던 그 집에는 셋방 사는 사람들이 더 있었는데 바로 우리 옆집에 살던 아이가 있었다. 나보다 다섯 살 정도 더 나이가 적었던 것으로 기억한다. 그 애가 대파를 씻자마자 익히지도 않고 먹는 걸 보고 나는 삶아서 먹는 것도 안 먹으려고 했는데 대단하다고 생각하며 아이와 말을 하고 있었다. 그 애의 엄마와 대화를 했던 기억이 난다. 그리고 내가 생각 없이 "나 짜장면 먹고 싶어요."라고 말을 하기 시작하자마자 그 아이 엄마가 "어, 우리 집 짜장면집 하는데 한번 와봐." 하는 것이었다. 인사로 말하는 것이란 걸 이제는 알았지만, 그때는 너무 어려 오라고 하니까 나는 가고 싶었다. 그리고 소원대로 그 애에게 같이 가자고 졸라서 짜장면 집에 가서 한 그릇을 얻어먹었다. "돈은요?"라고 물었지만 "그냥 주는 거야. 다음에 사 먹어." 하고 나를 돌려보냈다. 그 이야기를 엄마에게 말을 하니 "너 어디 가서 함부로 신세 지면 안 돼! 그 집도 생활이 어렵다. 눈치도 없이 돈도 안 내고 먹고 왔네."라고 하셨다.

엄마로부터 "너는 눈치도 없이 말을 해서 얻어먹고 다니니!" 하는 말을 동시에 듣게 되었다. 아~ 갈팡질팡. 부모님에게 양쪽으로 다른 것을 지적받고 내가 행동을 어떻게 해야 하는지 방향도 잡을 수 없게 되면서 다 큰 성인이 되어서도 눈치 보는 것과 눈치 없다는 말을 동시에 듣는 사람이 되었다. 미술 치료를 해보니 이 문제가 드러났다. 그래도 해결할 방법을 찾을 수 없다가, 〈한책협〉에서 책 쓰기 하는 과정 중에 명확하게 드러나게 되었다. 와우! 이런 시스템이 있다니! 또한, 때마침 해결 방안을 만나게 되었다니! 정말 감사하다.

첫 번째 내가 열심히 살고 있어도 여전히 불행한 이유는 내가 최근까지 눈치를 보고 있었기 때문이다. 내가 하고 있는 행동이다. 일하고 있으면 나보다 먼저 일하고 있던 선배가 "언니는 눈치를 심하게 봐. 나도 보지만 나보다 더해."라고 말한다. 그 말을 듣는 순간 "응, 그렇지." 하고 나는 대답했다. 그전까지는 마음속으로 왜 내가 남의 눈치를 당연히 보아야 하지? 어떤 사람이 말을 해도 반발을 했던 듯 내 생각이 옳고 다 맞다고 생각했다. 그래서 상대가 나를 생각하고 해주는 조언들은 반사가 돼서 날아간 것들이 많다. 좋은 것을 상대가 주어도 받지 못하는 마음 상태인 것을 알게 되었다. 그래서 마음이 힘든 것이라는 깨달음을 얻었다. 정말 감사하다.

독서를 하고 나서 인풋만 하는 것은 변비라는 누군가의 글귀를 보면서 나는 내 생각이 인풋만 해서 행동이라는 변비에 걸려 있다고 생각했다.

사람들을 만날 때 긍정적인 사람은 상대의 좋은 점을 보려 하는데 나는 상대의 안 좋은 점을 먼저 찾아내려 애를 썼다. 찾아서 안 좋은 점을 말을 해주는 것이었다.

그 일이 상대에게 도움이 되는 줄 알았다. 일명 꼰대 짓을 나는 어릴 적부터 해왔다. 말은 한 사람은 기억하지 못한다. 하지만 들은 상대는 두고 두고 생각할 수 있다는 사실을 잊고 있었다. 바로 내가 그런 사람이었다. 부정의 말들을 듣고 살아온 나는 나 자신을 정화하지 못한 상태에서 사람들과 대화를 하다 보니 상대의 안 좋은 점을 굳이 그가 알고 싶어 하지 않는데도 말을 했다. 정말 못된 습관이었다. 말을 들은 상대는 나를 배려

해서 웃고 있었지만, 마음속으로는 상처를 받고 기분이 별로 안 좋았다고 후에 말을 해주었다. 그러다 보니 대화가 안 되고 사람도 멀어지는 경험을 했다.

두 번째 내가 열심히 살고는 있지만 힘들어하는 이유이다. 이 말을 반복적으로 해주신 분이 계셨다. 왜 나에게 좋지 않다고 말을 해주신 것이지 하고 생각을 계속해서 해보았다. 나름 내가 존경하는 분인데 왜 그런 것일까? 나에게 질문을 계속해서 하다가 '아, 그렇구나!' 하고 퍼뜩 깨달았다. 빨리 깨달으라고 나에게 전달을 해주신 것이다. 지금은 감사하다. 나를 어두운 곳에서 밝은 쪽으로 인도해주신 분이다. 이 글을 통해 감사를 전한다. 나의 말로 인해 상처를 받으셨다면 미안합니다. 그리고 감사합니다.

당신이 있어서 배울 수 있고 마음으로 의지도 많이 되었다는 사실을 전하고 싶습니다. 아직도 더 많이 노력해야겠지만 깨달음을 주신 분께 감사를 전합니다.

아버지에게는 무엇이 먼저인지를 배운 듯하다. 그때는 이해할 수 없었다. 이 사건이 오늘 나에게 새로운 깨달음을 주었다. 어른들이 말하는 것은 남에게 신세를 지면 안 되고, 행여 신세 진 것은 언젠가는 갚아야 하는 빚이란 사실이다. 제때 못 갚으면 늦게라도 갚아야만 한다. 이 세상에

공짜는 없다는 사실을 알게 되었다. 그리고 그 값은 응당 그 사람이 받아야만 하는 것이다.

천리교 신언에서 말하기를 '대물차물', 즉 내 몸은 신으로부터 빌려왔고 몸을 다시 돌려줘야 한다고 한다. 내 것인 것 같은 생명은 신으로부터 빌려왔고 때가 되면 신에게 되돌려주는 것이라고 한다. 남에게 내어주는 삶을 살아야 그것이 진정한 신님의 은혜에 보답하는 것이다. 이 진리를 깨닫게 되고 나서 나는 빚을 갚으려고 노력하고 있다. 내가 받은 은혜가 너무도 많다는 사실에 이렇게 한가하게 있을 수는 없다는 생각이 든다. 내가 가진 재주로 남을 도와주어야 한다. 어려운 것을 시키지는 않는다는 말씀에 나는 당당하게 말할 수 있는 것은 말을 하게 되었다. 그리고 이러한 깨달음을 가지라고 나에게 스승님을 보내주셨다. 어느 북튜버가 말하기를 내가 준비되어 있으면 스승이 스스로 찾아온다고 한다. 이 말처럼 스승이 나에게 왔다.

1장_열심히는 살고 있습니다만 여전히 불행한 이유

04

나를 무기력하게 만드는 부정적인 생각들

/

부정적인 생각들 하면 무엇이 떠오를까? 각자 각자 생각이 다를 것이다. 나는 '너는 무얼 해도 사고나 치는 사람이야. 잘하는 게 뭐가 있어?'이다. 이 말은 응원의 말인지, 칭찬의 말인지, 항상 듣고 자라서인지 내 것이라는 생각을 하고 살았다.

무엇을 해도 잘 못 하는 사람. 그래서 그런지 나도 그 말을 입에 달고 살았다. '나는 무엇 때문에 안 돼. 나는 그것에는 자신이 없어.' 이러한 말들은 다른 안 좋은 것들을 끌어당겨 생각들이 꼬리를 물고 일어났다. 누군가는 긍정적인 생각을 하면 긍정적인 일들이 일어나고 부정적인 생각을 하면 부정적인 일들이 일어난다고 말했다. 이 말의 의미는 많은 시간이 흐른 뒤 천천히 깨달음으로 오게 되었다. 그래도 마지막에 희망은 있다. 작은 불씨가 있어서 살아가는 중이다.

나는 말하기 공포증이 있었다. 지금 생각해보니 대표적인 세 가지 경험으로 말하기에 두려움을 느낀다는 걸 알게 되었다.

첫 번째는 중학교 2학년 때 있었던 일이다. 국어 선생님께서 생활 속에서 일어나는 일들에 관해 글짓기를 해오라는 숙제를 내주셨다. 나는 전날 엄마와 시장 가서 물건을 사면서 거스름돈을 더 받아서 엄마가 기뻐하는 모습을 글로 써서 제출했다. 나는 결론에서 "엄마는 거스름돈을 더 받았으면 말하고 돌려주었어야 옳은데 왜 안 돌려줬을까?"라고 썼다. 그런데, 국어 선생님이 사실적인 글이라며 반에서 잘 쓴 글 5편을 읽어주셨다. 그중 내 글도 포함되어 있어서 읽어주셨다. 그 글을 읽는 순간 반 아이들이 웃었다. 선생님께서는 좀 다듬어야 하겠지만 사실적으로 잘 썼다고 칭찬을 해주셨다.

선생님께 칭찬을 듣다니! 나는 너무 좋아서 그 글을 엄마에게 바로 읽어주었다. 엄마가 칭찬해주었으면 하는 마음으로. 그런데 엄마가 갑자기 화를 내면서 그런 걸 글로 쓴다고 한소리를 하셨다. 처음으로 선생님께 칭찬의 소리를 들었는데…. 엄마에게는 좋은 것이 아니었다. 그 뒤로는 글을 쓰지 못했다. 편지, 일기, 메모조차도.

두 번째는 내가 중학교 3학년 때의 일이다. 지금은 핸드폰을 누구나 가지고 있지만, 그때는 전화기를 놓으려면 몇 개월 기다리던 시절이었다. 이웃에서 "여기가 민씨네 집이지요?" 하면서 할머니가 아프시니까 아버지한테 빨리 말을 전달해서 가보시게 하라고 했다. 그 말을 아버지가 일하고 오시자마자 전달했더니 아버지가 당황해서 급히 시골에 갔다 오셨다.

그날 저녁 아버지는 나를 보더니 몹시 화를 내면서 "왜 할머니가 위급하다고 말했니?"라고 하셨다. 그때 나는 몹시 당황했다. 가서 할머니를 만나보니 감기에 걸리셨지만, 많이 나아져서 괜찮다고 하셨다는 것이었다. 내가 말을 잘못했다고 내 기억에 30분 정도 혼이 났던 것 같다. 내가 아니라고 말하지 못했던 기억이 남는다. 마음속으로 '그게 아닌데, 나는 분명 아프다고 말한 것 같았는데.'라고 생각하며, 입으로 구시렁구시렁했었다. 그게 아버지 눈에는 반항하는 것으로 보였나 보다. 계속해서 화를 내셨다. 평소에 나는 아버지가 화를 내면 무서워했다.

그 후로 대화를 하지 못했던 기억이 있다. 그 뒤로는 나는 억울했고 잘못한 것이 없는데 왜 꾸중을 들어야 하나 하고 살아왔다. '말을 해봐야 들어주지도 않아.' 하고 마음의 문을 닫았던 것 같다.

감사하면 보이는 것들

세 번째는 중학교 동창이지만 고등학교는 각자 다른 곳으로 갔다가 20세 때 사회생활을 하면서 다시 만나 3년 정도 매일 만난 친구가 있었다. 그 친구와 함께 학교 다닐 때는 가보지 못했던 만화방, 롤러스케이트장도 가고 등산도 하곤 했다. 나는 수동적으로 그가 가자고 하면 따라다녔다. 내가 보기엔 신선했던 친구였다. 그 친구랑은 말이 잘 통한다고 생각을 했었던 것 같다.

한번은 그 친구는 술을 안 먹었고 나는 취한 상태로 친구가 집까지 바래다주게 된 날이 있었다. 내가 가르치는 듯 말을 강하게 했던 것으로 안다. 나는 내 말을 듣고 있는 줄 알았는데, 화를 잘 안 내는 그 친구가 갑자기 "너 왜 말을 그렇게 하니? 다시는 못 보겠네."라고 했다.

순간 술이 확 깨면서 '내가 잘못한 것이 뭐지?' 하면서 자책에 들어갔다. 물론 그 친구는 그 뒤로 점점 나와 사이가 멀어졌다.

나는 세 번의 큰 경험으로 이제 말하지 말고 살자고 큰 결심을 했다. '남에게 상처나 주는 사람이 뭔 일은 할 건지? 왜 남들에게 편안한 말을 하지 못하는 걸까? 왜 들어서 기분이 안 좋은 말을 할까? 왜 그럴까?' 하고 이유를 생각해보다가 나 스스로 자책하며 잘못했다고 자신을 꾸짖고 많이 속상해했다. 그러다 보니 내 말 속에는 꾸짖음의 단어가 자연스럽게 들어가게 되었다.

나 자신에게 칭찬 한 번 제대로 해본 적이 없었다. 나는 혼이 나야 하는 사람이니까. 내 마음의 상태가 그렇다 보니 그것이 바깥으로 나오게 된 듯하다. 나는 자책이 제일 안 좋다는 것을 진하게 경험을 했다. 스스로 존중하지 않는데 누가 존중해줄까.

이 생각에서 꼭 벗어나야겠다고 결심하게 되었다. 말 안 하고 살다 보니 답답하게 되었다. 명상을 선택하게 되었다. 도움이 되었던 책으로는 러시아 사람이 쓴 『초능력자』라는 책이 있다.

첫째, 엄마를 용서합니다. 엄마는 그럴 수밖에 없었습니다.
둘째, 아버지를 용서합니다. 아버지는 그럴 수밖에 없었습니다.
셋째, 나를 용서합니다. 나는 그럴 수밖에 없었습니다.

매일 한 번씩 생각이 나면 연습을 하기 시작했다. 이 말을 하고 부모님과 통화할 때 말이 부드럽게 나오기 시작했다. 그전에는 통화만 하면 기분 나쁜 말만 해서 부모님의 속을 뒤집어놓곤 했다. 통화하는 중에도 '용서하세요, 그럴 수밖에 없었습니다.' 하고 생각하면서 말을 하자. 대화가 부드러워졌다. 신기한 경험이었다.

'나를 용서하세요.'라는 말은 나를 많이 부드럽게 만들었다. 툭하면 화를 내던 사람에게 화가 점점 줄어들게 해주었다. 화를 덜 내니 마음이 편해지는 경험을 하게 되었다 나는 날마다 편안해지는 경험을 하고 있다. 하지만 오랫동안 해온 부정적인 생각들이 하루아침에 사라지지는 않아서 가끔 다시 나오곤 한다.

이 글을 쓰는 지금도 나에게 깨달음을 주신 김태광 대표 코치님께 감사드린다. 내가 이메일을 대충 읽어서 기회를 잃었지만, 생각의 전환을 가져오게 해주신 덕분에 정말 감사하다. 용서 연습은 했지만 조금 남아 있어서 무기력한 부정적인 생각들을 잠시 하는 중에 깨어나라고 가르침을 주셔서 다시 의지를 다지게 되었다.

부정적인 생각을 하다가 무기력해지는 경험을 하게 되면서 다시 한번 생각의 힘이 크다는 걸 알게 되었다. 생각 바꾸기 연습으로 긍정적인 단어들이 많이 들어 있는 글을 필사하면서 사고가 많이 바뀌기 시작했다. 나는 김도사님이 쓰신 『100억 부자 생각의 비밀 필사 노트』를 25일째 필사하고 있다. 확신과 긍정의 단어들이 많이 있다. 무의식에 심는 연습을 하고 있다. 나는 나름 행복하다. 이 책을 만난 사실에 감사하다.

05

흔들의자처럼 하는지도 모르고 하는 걱정

/

걱정하는 이유는 뭘까? 잠시 다른 사람의 의견을 빌려보면, 걱정은 불안으로부터 비롯된다는 점에서 생각의 바퀴를 굴려나간다. 걱정은 뭔가에 대해 편치 못한 마음을 느껴 이래저래 속을 태우는 행위인 까닭이다.

나는 매사에 걱정이 많은 편이었다. 버스를 타는 일만 해도, 시간보다 늦으면 어떻게 할지, 제때에 도착할 것인지, 왜 이렇게 버스는 천천히 가고 있는지 등등의 걱정을 하고, 무엇을 하든 마음이 불안했다.

첫 직장은 미용사협회이다. 무슨 일을 시키면 민 양은 물가에 내어놓은 어린아이와 같다는 말을 상사가 한다. 사회 초년생에게는 득이 될 말은 아니었기에 나는 그 상사를 미워하게 되었다. 일을 잘하고 있다고 생각했는데 그런 말을 들으니 속상했다. 조언을 계속해서 해주시지만 말이 옳아도 귀에 들어오지 않았다. 그러다 보니 일은 하기 싫고 직장도 가기 싫었다. 일 년을 어렵게 견딘 어느 날 갑자기 사표를 냈다. 평소에 사람들은 직장 생활 하면서 그만둔다는 말을 자주 하곤 한다. 그런 말을 한 사람이 오히려 10년 이상 다닌다. 그런데 나와 같은 사람은 아무 말 없이 어느 날 조용히 사표를 낸다. 인수인계를 해주고 집에서 쉬는데 마음이 그렇게 편안하고 좋았다.

두 번째 직장은 상사하고 같이 근무를 하지 않는 임대아파트 관리사무실이었다. 건물이 올라가는 동안은 출근이 재미있었다. 지하에서부터 한 층, 한 층 올라가는 것을 보는 재미가 있었다. 건물이 다 올라가고 분양사무실로 이전하면서 임대 분양하는 것까지는 재미가 있었다. 문제는 입주하게 되면 아무리 완벽하게 짓는다고 해도 하자가 나온다는 것이다. 하자 보수 신청을 받는 일을 하고부터 일이 재미없어지기 시작했다. 왜 우리 것부터 안 고쳐주느냐, 몇 번이나 와서 말했는데 안 해주냐고 하는 사람에서부터 우리 집 하자 보수 먼저 해줘서 고맙다고 말하는 사람까지 다양했다. 그런데 불만을 말하는 사람들, 왜 자기 것 먼저 안 해주냐고 하는 분들의 표정이 좋지 않았다. 근심 걱정이 가장 많았다. 그 모습이 안타깝기도 했다.

아파트 관리사무실로 들어가고부터 사장님의 친정 부모님이 관리사무실에 상주하셨다.

그분들이 나를 계속해서 지켜보고 의심하시고 해서 마음이 편치 않았다. 불편한 마음이 계속해서 생기면서 걱정을 하기 시작했다. 그분들이 나를 의심하면 어떻게 하지 하고 걱정을 하기 시작하면서 가슴속에 있는 불안이 수면 위로 떠올랐다. 도저히 그 직장을 다닐 수 없어서 또 1년 만에 그만두었다, 일 년에 한 번씩 관두는 나를 보고 아버지는 "시집가서도 싫다고 안 산다고 하면 어떡할 거니?"라는 말씀을 하셨다. 순간 직장은 직장이고 결혼은 결혼인데 왜 그런 비유를 했는지, 그리고 시집갈 생각도 없는 사람에게 그런 말을 하는지 불만이 나오기 시작했다.

세 번째 직장은 구멍 뚫린 파이프 만드는 공장이었다. 품질관리실에서 일했다. 공장장님이 처음에는 사회 초년생 월급을 주신다고 했는데 내가 일하는 모습을 보니 조금 더 받아도 된다고 생각하셨는지 경력을 인정해 주셔서 월급을 조금 더 주셨다. 처음부터 나를 인정해주는 공장장의 모습에 나는 그 회사가 좋았다. 그래서 열심히 일하기 시작했다. 나는 명예가 좋은가 보다. 여기서는 3년을 다녔다. 지금까지도 그렇지만 가장 오래 다닌 직장이었다.

마지막 일 년은 지옥이었다. 같이 근무하는 동갑의 경리가 나를 질투

하기 시작했다. 원인을 생각해보니 내 능력 때문이었던 것 같다. 내가 다니던 회사는 운영을 잘해서 공장이 두 개 있었다. 내가 일하는 곳이 1공장, 다른 곳에 2공장이 있었다. 그런데 2공장에서 도청에 들어가서 중요 서류를 가져와야 하는데 번번이 하지 못하고 돌아오는 바람에, 우리 1공장 과장님이 나서게 되었는데도 그 서류를 가져올 수가 없었다. 3개월을 그 서류를 가지러 갔다고 한다. 바쁜 일들이 많으신 분이어서 꼭 하기는 하는데 잘 안 되니까 경리 직원에게 갔다 오라고 말했는데 그 경리는 부탁을 거절했다. 그런 상태에서 그 일이 나에게 떨어졌는데 내가 가서 하루 만에 가지고 온 것이다. 이 일로 1공장뿐만 아니라 2공장 사람들이 나를 다른 시선으로 보기 시작했다. 인정을 받은 것이다. 모든 시선이 나에게 집중되자 그 경리는 나를 시기하기 시작했다. 지금은 그 모습을 이해하고 달래줄 수 있지만, 그때 당시에 나는 나밖에 모르고 있어서 잘난 척을 했다. 그리고 사람들의 관계에서 너무 힘들어서 사표를 냈다. 그 경리와는 잘 가라는 말도 없이 헤어졌다. 그만두고 나서 내 삶은 정말 많은 변화를 겪었다. 좋아지는 쪽으로 변했다. 지금 생각해보면 그때 당시 마음은 걱정으로 가득했었다. 마음의 안정이 안 되고 불안불안했다. 나는 스스로 직장 생활을 잘못하는 사람이네 하고 낙담하고 살았다.

그러다가 신앙을 만나서 내가 생각을 잘못하고 있었구나 하고 깨닫게 되었다. 인간은 서로 도우며 즐겁게 살아야 한다는 신언이 있다. 생각해보니 나는 나 자신의 몸만 생각하고 살아온 듯하다. 내 주변 사람들이 어떻게 사는지 관심도 없었던 것이다.

"오랜 세월 동안 마음고생을 계속해온 것, 겉으로 드러난 생활고도 있을 것이고, 몸에 나타난 질병일 수도 있겠지만 그 어느 것보다도 괴로운 것은 역시 마음의 병이 아닐까. … 내 몸 생각에 빠져 있으면, 남을 시기하고 질투하는 마음이 생겨나, 심지어 가족에게조차 싫은 감정을 일으키게 된다."
   ―『인간은 혼의 덕으로 산다』 중에서

이 글을 읽고 '아, 나는 내 것만 잘하면 되지, 나 이외의 사람까지 신경 쓸 일이 있나.' 하며 그저 앞으로 나아가면 되는 줄 알고 살아온 삶을 반성하게 되었다. 엘리베이터를 탈 때 누군가를 위해 버튼을 눌러주고 화장실에 들어갔는데 휴지통에 쓰레기가 넘치면 살짝 눌러주고 나오고 길에 쓰레기가 떨어져 있으면 3개 이상 줍는 실천도 해보고 남을 위해서 내가 할 수 있는 작은 실천을 조금씩 해오고 있다.

결혼 전 직장 생활의 실패로 직장 다니는 걸 두렵게 생각하고 있었다. 그래서 누가 일자리를 소개해주면 나는 적성에 맞지 않아서 "그 일을 할 수 없어." 하고 거절하곤 했다. 이런저런 이유를 붙이면서 내가 왜 그런 말을 하는지 알 수 없는 채로 살고 있었다. 애들이 커가면서 이대로 살수 없어서 급하게 시간제 아르바이트 일자리를 찾아서 일하기 시작했다. 그러다가 갑자기 병원에 입원했고 더 이상 시간제 아르바이트 일도 할수가 없었다. 2년을 집에서 쉬면서 나는 반성을 하게 되었다. 아무것도 안 하고 사는 삶이 생각처럼 좋지 않았다. 어떤 어려움이 와도 무엇이든지 할 수 있다고 생각을 바꾸게 되었다. 내 생각대로 소개해주는 대로 집 근처 다이소에서 사람을 구한다고 해서 일을 하기 시작했다. 여기서 나는 무조건 고개를 숙이는 연습을 했다. 새로 태어난 사람처럼.

초등학교 때 같은 반 친구네 집에 놀러 간 적이 있었다. 그 친구 집에서 흔들의자를 처음 보았다. 호기심에 그냥 주인의 허가도 받지 않고 앉았다가 뒤로 넘어가는 아찔한 경험을 했었다. 그 친구는 심하게 흔들면 뒤로 넘어간다고 뒤늦게 말을 해주었다. 물어보고 타볼 걸 하고 후회를 했었다. 살짝은 좋지만 과하면 쓰러지는 흔들의자를 보면 걱정하는 이치와 같다는 사실에 새삼 놀라게 된다. "걱정해서 걱정이 없어지면 걱정이 없겠네."라는 속담이나 책 제목이 있다. 매일매일 일상 속에서 나는 걱정을 많이 한다. 또한, 내가 걱정한다는 것을 알지 못한 채로 걱정을 하고 있다. 흔들리는 의자처럼.

06

'~라면 행복할 텐데'라는 생각들

/

결혼 전에 나는 엄마가 공부를 더 하셨으면 좋겠다고 생각했다. 일만 하고 돈만 생각하는 엄마가 불쌍하기도 하고 답답하기도 했다. 생각만 조금 바꾸면 좋은데 하는 생각으로 살았다.

엄마는 내가 엄마를 무시한다고 생각하신 듯하다. 내가 말을 하면 항상 "너나 잘해. 나한테 알려주려 하지 마라." 하고 말을 하신다. 여기까지는 결혼하기 전에 겪은 일이다. 지금은 엄마와 사이가 많이 좋아졌다. 하지만 나는 내 마음속의 상처를 그대로 지닌 채 살아가고 있었다.

매장에서 손님 한 분이 휴대폰 충전기를 찾으신다. 자신이 찾는 물건이 안 보이자 답답한지 그 물건을 알려준 사람에게 비난의 화살을 돌린다. 내가 "아! 찾으시는 물건이 없군요." 하자 반복적으로 "그 물건이 있어야 하는데." 하는 것이다. 없다고 해도 그 소리가 들리지 않는 듯했다. 이런 분에게는 물건을 권하면 안 좋다. 반드시 돌아와 나를 향해 비난한다. "이 물건 꼭 맞지요?"라고 확인하시고 사는 분도 반드시 다시 오신다. 시비를 건다. 참으로 이상한 규칙이 있는 듯했다. 확답을 받고 싶은 분은 남에게 속은 것이 많은지 조금이라도 자신과 맞지 않으면 바로 상대를 공격한다. 매장 직원의 피곤함이라고 할까? 나는 그 모습을 모아놓는다. 그리고 분석을 해본다. 하다 보면 답도 찾아진다. 내가 찾는 물건이 있어야 하는데 초점이 맞은 사람은 그 물건을 찾을 때까지 집중하고 없으면 화를 낸다. 즉 '어디 나 한번 건드려봐. 그럼 나 화를 대폭발할 거야.' 하는 사람들이다. 종로에서 뺨 맞고 한강에 가서 한풀이하는 사람들이다.

매장 직원은 뭔 죄인지? 내가 엄마에게 자주 그런 취급을 당해서 알 수 있다. 다른 데서 지적받고 나한테 화풀이한다. 한참 나이가 어릴 때는 그냥 듣는다. 좀 커서는 맞서서 말대꾸한다. 더 커서는 엄마는 대화가 불통이니 말을 말아야지 하며, 그렇게 대화를 하지 않고 살았다. 자기 자신이 왜 그런 줄 모르고 다람쥐 쳇바퀴 돌 듯 한다. 나는 그 고리를 끊고 싶었다. 그리고 원인을 찾아내서 고쳐가기 시작했다. 첫째 엄마가 부르면 바로 대답한다. 아무리 바빠도 제일 먼저 빠른 답을 한다. 그리고 박자를 맞춰준다. 엄마가 그랬구나! 그리고 내 생각을 말한다. 그럼 엄마는 화를 낼 수가 없게 된다. 잔뜩 부풀었다가 조금씩 김을 빼주니 화내기가 쉽지 않다. 사실 연습을 수없이 해야 한다. 한 번에 성공하지 못한다. 내가 나 자신을 막고 있던 것이 있어서이다.

나는 말을 말자 하는 것을 실천했다. 지금도 소통이 쉽지 않을 때가 많다. 그러나 생각을 바꿔 말을 하기 시작했다. 그래서 많이 좋아졌다. 매장에서 엄마와 같은 손님이 오면 위의 방법을 쓴다. 반복적으로 해보면 서서히 가라앉는 모습을 보이면서 나중에는 고맙다는 말을 하고 가신다. 내가 엄마가 '~~라면 좋겠다.'라고 하는 생각은 엄마 생각은 안 하고 내가 네모 상자에 넣어놓는 것과 같다. 엄만 엄마의 삶이 있다. 내가 이래라저래라할 것이 아니라고 여기고 나는 내가 하고 싶은 일을 한다. 그리하니 엄마가 나에게 불평의 말을 하고 싶어도 하지 못하게 돼서 나도 좋고 말하지 않는 엄마도 좋다. 그 불평은 나와 엄마를 나쁜 길로 인도한다. 생산적이지 못한 삶을 살아가게 한 것이다.

우리 엄마는 내가 어릴 적부터 부업으로 일을 항상 하셨다. 가장 기억에 남는 것은 장갑 꿰매기이다. 매일 보고 자라서 바늘 잡는 법을 자연스레 배웠다. 외할머니가 살아계실 때 나는 바늘을 잡고 수를 놓는 숙제를 하고 있었다. 내가 바늘 잡는 것을 보신 할머니는 제 바늘 잡는 것을 보니 잘하게 생겼다며 칭찬해주셨다. 우리 엄마는 내가 바보인 줄 아신다. 말도 동생보다 늦게 배우고 받아쓰기도 빵점 맞아왔기 때문에 무엇을 해도 잘하는 것은 없을 거라고 생각하신다. 이 생각을 지금까지도 하신다. 나는 그 건에 대해서 엄마와 말을 해본 적이 있다. 엄마는 공부 잘하는 동생들과 나를 비교해서 나를 바보로 만든다는 말을 했다. 공부를 동생보다 못해서 그렇지, 아주 못하는 건 아니었다. 좀 더 커서는 파출부를 하셨다. 하루에 네 집을 하셨다. 같은 팀의 다른 분은 많이 해야 세 집이었다. 그만큼 부지런했고 깨끗하게 해주었다. 찾는 사람이 또 찾는다고 한다. 청소 정리는 엄마가 잘하는 것이다. 그 소질을 살려 돈을 벌었다. 그 돈으로 엄마는 자식들에게 치킨을 자주 사주셨던 것이 기억난다. 우리 삼 남매는 좋았다. 이일을 훗날 엄마에게 물어보니 화를 내신다. 남동생이 치킨을 엄마가 사줬다고 자랑을 하니 아버지가 돈을 많이 썼다고 엄마에게 한소리를 한 것이다. 한창 클 나이에 먹어야 크는데 아버지는 돈을 모아야 하니 아껴야 한다는 것이다. 그래서 두 분이 싸우신다. 그래도 남에게 돈을 안 빌리고 13평 아파트를 샀다. 안 먹고 안 입고 해서 모은 돈이다. 그저 집을 사고 먹고살기 위해 오로지 돈은 모으는 데 힘을 쓴 결과 식구들과 대화 시 돈 이야기만 해서 대화가 잘 안 된다. 당신 자신도 왜 이러는지 알 수 없다고 하신다. 나는 엄마의 궁금한 점을 알려주려고 여기저기 찾아다녔다. 이게 답인데 하고 엄마에게 말을 하면 화를 내신다. 당신의 살아온 삶이 옳은데 그걸 자꾸 들쑤신다고 한다. 나는 어느 순간 이 들쑤신다는 행동을 멈추었다. 명상에서 "부모에게 무엇을 원하냐? 그냥 살아 계신 것만 해도 감사하지 않은가!" 하는 말을 듣고 멈추기 시작했다. 멈추니 내 정신세계에 평화가 찾아 왔다.

    나는 결혼을 해서 딸이 3명 있다. 처음에는 건강하게 태어나기를 빌었지만, 나중에는 주위와 비교를 하면서 딸들이 공부를 잘하면 좋겠는데 하고 생각했다. 정말 생각이 중요하다. 딸들이 이상한 반응들을 보인다. 큰딸은 학교 가기 싫다고 하는 태도로 나왔다. 나도 엄마에게 호응하고 싶지만, 엄마 생각처럼 할 수 없다고 한다. 딸은 음식과 미용에 관심이 많다고 했다. 그 말 그대로 "엄마, 나는 초등학교 시절부터 배가 자주 아팠어! 그래서 식이요법을 배워서 음식 조절을 하니까 배가 아픈 것이 사라졌어." 한다. 딸이 어느 순간인가부터 식구들과 같이 밥을 안 먹기 시작했다. 식구들은 같이 밥을 먹어야 한다는 생각에 갇혀 있던 나의 상식이 깨지기 시작했다. 생식 위주의 밥을 먹는 딸이 낯설었다. 지금 같으면 응원해주었겠지만, 그때는 한소리를 하곤 했다. 내 생각이 옳다는 의견 피력을 주로 했다. 당연히 대화가 소통이 안 되어 딸이 나만 보면 뽀로통한 모습을 보이곤 했다. 나한테는 고난이었다. 엄마와의 관계도 안 좋고 딸과의 관계도 좋지 않았다.

    둘이 연관이 있다는 사실이 나를 홀딱 깨는 계기가 되었다. 이대로는 더는 안 되겠다는 마음이 생겨서 엄마와 마찬가지로 내 마음을 바꾸기로 정했다. 딸이 살아 있는 것만으로도 감사하게 여기기로 하고 기도하기 시작했다. 그런 와중에 시험하는지 딸이 불쑥불쑥 화를 내곤 했다. 그러면 "네가 살아 있는 것만 해도 고마워." 하고 중얼거렸다. 3일 이상을 그렇게 한 어느 날, 자연스레 딸이 나에게 다가와 말을 하기 시작했다. 그 전과는 다른 방향으로 대화를 했다. '딸이 이랬으면 좋을 텐데….' 하는 생각을 버리고부터는 딸과의 대화가 좋아졌다. 가끔 내가 바쁘면 분리수거도 자발적으로 해준다. 마음 하나 생각 하나 바꾸었을 뿐인데 많은 것이 달라졌다.

나의 남편도 항상 보면서 내가 원하는 사람으로 만들려고 했다. 그러나 엄마나 딸과 똑같은 반응을 보였다, 아니 더 강하게 반발한다. 참으로 불편한 삶이었다. 그래서 나는 사주 공부를 배웠다. 나를 먼저 알고 싶은 마음에서 내 것부터 해석하는 방법을 알아보았다. 내 성격은 금의 성격이 많다고 한다. 남편은 물의 성격이다. 내 사주 공부 지식은 초스피드로 배운 것이어서 깊지 않다. 살짝 수박 겉핥기 정도이다.

아무튼, 내 나름대로 해석을 해서 알아본 결과 나는 양의 성격이 강하고 남편은 음의 성격이 강하다. 나는 남자 성격이고 남편은 여자 성격이다. 무엇을 해도 반대로 해석한다. 훌륭하게 만났다. 내가 가지고 있지 않은 것은 남편이 가지고 있다. 이 사실을 알고부터 다른 것은 당연하기 때문에, 똑같은 것을 원해서는 안 된다는 것과 서로 보완해주는 관계라는 것을 깨달았다.

3건의 사례로 나는 내 생각의 틀로 상대를 보는 습관이 있다는 걸 알게 되었다. 그래서 스스로 마음고생을 했다. 말을 해야 할 곳에서는 말을 하지 못하고 하지 말아야 할 곳에서는 말을 했다. 그런데 이 일은 책 쓰기를 하면서 좋아졌다는 것이다. 과거와 비슷한 사건마다 둥글게 대처하고 넘어가는 경험을 한다. 〈한책협〉의 성공한 대표 코치님의 가르침이 정말 감사하다. 나는 내 의지대로 이 문제를 해결하려고 하는 순간에 우주의 도움으로 〈한책협〉 대표 코치님을 만나 자연스럽게 바뀌는 경험을 한다. 나와 같은 사람이 많을 것이다. 그 사람들한테도 소개할 것이다. 선택은 그분들의 몫이고 내가 할 일은 이 이로운 것을 널리 알리는 것이다. '~~라면 행복할 텐데'에서 벗어나니 화가 날 일이 없어서 감사한 일만 매일 매일 일어난다.

감사하면 보이는 것들

07

행복한 사람들의 공통점은?

/

'행복이란 무엇인지 알 수는 없잖아요. 당신 없는 행복이란 있을 수 없잖아요.'라는 노래 가사가 생각난다. 네이버에 검색해보니 '행복이란 (1978)' 제목의 노래로 가수는 조경 수씨. 어! 배우 조승우 씨의 아버지로 나온다. 여기서는 사랑 노래이다. 행복의 기준이 각자 다를 것이다.

내가 생각하는 행복한 사람들의 공통점이 무엇인지는 사람들과 대화를 나누다 보면 알게 된다. 행복한 사람들은 말이 부드럽다. 은은한 미소를 머금고 있다. 내가 존경하는 또 다른 선생님이 계신다. 그분을 만난 시기는 큰딸이 두 돌쯤 됐을 때였다. 딸이 사람들을 보면 낯가림이 심해서 고민하고 있을 때 집에만 있지 말고 바깥으로 나가라고 조언을 해주었다. 그래서 그 길로 여성회관 또는 도서관으로 가서 책을 골라보기 시작했다.

책 읽기는 초등 시절부터 곧잘 하던 것이었는데 육아하면서는 짧은 글만 보고 책을 읽을 수가 없었다. 도서관에 오랜만에 가서 책을 고르고 있었는데 어떤 분이 말을 거신다. 그리고 내가 책 읽기가 좋다고 하니까 여기 책 읽는 모임이 있으니 가입해보라고 권했다. 그 모임에서 그 선생님을 만났다. 그런데 몇 번 참석하지 못하고 모임에 못 나갔다. 딸의 낯가림이 심해서 같이 앉아 있으면 다른 회원들에게 피해를 준다는 생각에 더는 모임에 나갈 수 없었고 후에는 쌍둥이를 임신해서 나갈 수 없게 되었다.

큰딸이 유치원 다닐 때 유치원 선생님이 아이가 그림을 잘 그리니 미술을 시켜보라고 권하셨다. 선생님의 권유가 있었지만 나는 꾸준히 아이를 미술학원에 보낼 수가 없었다. 좀 저렴한 곳이 없나 알아보다가 길에서 도서관에서 만난 선생님을 거의 5년 만에 만났다. 그분도 나를 기억해 주시고 있었다. 먼저 말을 하시면서 딸 미술 공부를 말하게 되었는데 그분이 미술 치료를 하시는 분이었다. 비용 문제로 1년을 고민했다.

아이를 계속해서 그대로 둘 수 없다고 판단이 되어서 선생님과 상담하고 아이를 '꾸러기 미술학원'으로 보냈다. 그런데 아이만 상담을 한 것이 아니고 엄마인 나도 상담을 해주시면서 시청에서 회비만 내고 무료로 하는 미술 치료 강의 4개월이 있으니 들어보라고 권해주셨다. 배우는 걸 좋아하는 나는 감사하게 생각하고 미술 치료 과정을 수료했다. 그분은 항상 미소를 띠고 계신다. 말을 편하게 해주신다. 내가 봤을 때는 행복해 보이신다. 내 주관이지만.

행복한 사람들의 공통점이 있는 또 다른 분은 나를 신앙의 길로 들어서게 해주신 선생님이다. 불끈 화를 잘 내던 나를 잘 견디고 웃으시면서 말을 해주신 분이었다. 아침에 엄마의 잔소리를 들으면서 집을 나오면 솔직히 기분이 안 좋다. 엄마의 잔소리는 "시집가야지. 지금 뭐 하고 있니?"라는 말이다. 계속되는 잔소리가 더는 듣고 싶지 않아 "그럼 됐어! 나 시집 안 갈 거야!"라고 대꾸하곤 했다. 그때는 정말 그 말 그대로 살고 있었다.

그분은 내가 감정이 안 좋은 것도 금방 아신다. 숨기고 싶어도 숨길 수 없는 내 감정. 엄마에게 맞서지 말고 엄마를 편안하게 만들어 드리는 방법으로 "엄마 마음에 맞는 사윗감 찾아올게."라고 말을 해보라는 것이었다. 엄마에게 '싫어' 소리만 하던 사람이 얌전히 "응, 알았어 엄마가 원하는 결혼할게."라고 말하는 일이 쉽지는 않았다. 그래도 해야만 했다. 내 마음이 불편했기 때문에. 마음을 가라앉히고 까짓 한번 해보는 거지. 한 번 해보니 두 번도 되고 세 번도 되었다. 좋은 말들이 쌓여서 나는 서른셋에 결혼을 했다. 그 선생님도 편안한 말과 미소를 지니고 있다.

나를 천리교로 인도한 중국어과 언니도 말도 편안하게 하고 미소도 이쁘다. 부모님에게 불효하면 나에게 좋지 않으니 항상 부모의 마음을 편안하게 해드려야 한다고 말을 하곤 했다. 사실 나는 부모에게 말로 불편하게 만든 사람이어서 가슴이 찔려서 언니에게 말할 때 신경질을 내곤 했다. 지금은 그 언니에게 미안하다고 사과하고 싶다. 나의 말로 인해 마음을 다쳤다면 정말 미안하다고, 그리고 고맙다고 전하고 싶다.

사실 방송대 공부는 5년 안에 졸업하기가 쉽지 않다. 언니는 그 어려운 졸업을 했다. 정말 부럽고 샘도 났었다. 그래서 말도 이쁘게 하지 못한 기억이 난다. 후에 안 사실인데 언니도 나에게 미안함을 느끼고 있었나 보다. 방송대를 공부할 수 있게 도와주었다. 이 일은 내가 다시 방송대 공부를 하는 데 있어서 좋은 것으로 작용하여 26년 만에 다시 이어서 공부할 수 있었다. 정말 감사한 일이 되었다.

나는 부정적인 생각으로 살아오다 운이 좋아서 귀인들의 도움으로 생각을 바꾸는 기회를 만났다. 나는 변화하고 싶었다. 이대로 사는 것은 내가 아니다. 생각을 계속해서 하면서 끊임없이 무엇인가를 찾아다녔다. 그러다가 내가 정말로 원하는 것이 무엇인지 찾았다.

도서관에서 주관한 '내 삶을 찾아가는 글쓰기'라는 프로그램이 있었다. 방송대 졸업논문도 못 쓰고 졸업했고 글쓰기도 어려운데 어떻게 하지 하면서도 '그래, 이제는 한번 해보는 거야.' 하는 마음으로 시작을 했다. 나의 장점은 마음먹은 것은 꾸준히 하는 것이다. 처음에 수강생이 15명 있었는데 시간이 지날수록 줄어들면서 두 명이 수업을 받거나 혼자 수업을 받았다. 혼자 받아서 좋은 점은 선생님이 온전히 내 글쓰기 지도를 해주신다는 점이었다. 나는 이때 생각의 흐름대로 글 쓰는 법을 배웠다. 글자들이 모여서 문장이 되는 과정과 그 결과로 내 생각이 정리되면서 나를 돌아보는 시간을 가진 것이 정말 행복했었다. 그동안 나는 내 안에 있는 것을 밖으로 꺼내본 적이 없었다. 5편의 글을 쓰면서 살짝 내 인생을 정리하는 기분을 느꼈다. 그리고 생각했다. '좀 더 배우고 성장하고 더불어 돈도 벌 수 있으면 좋겠지.' 나는 책을 써서 베스트셀러도 되고 돈도 벌 수 있으면 좋겠다고 생각을 했다. 생각만 해도 행복했다. 내가 하고 싶은 것을 하면 그것이 행복이라는 생각이 든다. 남이 시킨 것은 조만간 그만둔 걸 보면 바르다고 인정한다.

부자들이 돈에 구애를 받지 않기 때문에 행복한 것이다. 나는 그동안 내가 왜 여러 제약을 받았는지 알게 되었다. 나를 사랑하지 않아서이다. 나를 사랑하지 못하고 남도 사랑을 못 했다. 그것은 자신감의 결여로 나타났다. 어느 날 다이소에서 일을 하다 물건을 한 개 깨뜨렸다. 그런데 팀장 언니에게 말을 못 했다. 어떻게 하지 하고 고민을 하다가 한 달 만에 "내가 깼어요. 제가 이 물건 사갈까요?" 했더니 언니가 화를 낸다. 말을 재수 없게 한다는 것이다. 순간 나는 "죄송해요." 하고 답을 했다. 그리고 동료에게 하나는 손님이 가져가서 짝을 잃어 팔 수 없고, 하나는 내가 실수로 깨서 두 개를 내가 책임지고 사가겠다고 말을 했다. 그래 누구에게 책임 전가하지 말고 '내가 사자.' 하고 마음을 정하니 편했다. '아, 이것이 나를 사랑하는 것이구나!' 의식 혁명이 나에게 또 왔다. 그리고 팀장 언니가 퇴근하는 나를 붙잡는다. "내가 깨뜨렸으니 책임지고 살게요."라고 했다. 그러나 언니가 월급도 적은데 깨질 때마다 사가면 어떻게 생활을 할 수 있냐고 하면서 내가 사가는 걸 못 하게 했다. 나는 순간 당황해서 퇴근한다고 말하고 나왔다. 아차! 고맙다고 할 걸. 나를 도와주고 있었는데…. 이 글을 통해 감사의 마음을 전하고 싶다.

행복한 사람들은 모든 상황을 즐겁게 받아들이는 것을 하고 있다. 살면서 어려움 없는 삶은 없는 것으로 안다. 그걸 받아들이는 개인의 차이가 있을 뿐이다. 이런 비유가 있다. 컵에 물이 반이 있는데 '물이 반밖에 없어.'라고 바라보는 것과 '물이 반이나 있네.'라고 보는 차이라고 할까?

감사하면 보이는 것들

그 물컵을 바라보는 시선은 긍정과 부정을 받아들이는 자세이다. 긍정으로 받아들이면 모든 것이 긍정으로 돌아오고 부정으로 받아들이면 부정으로 돌아온다.

그 결과 부모님을 편안하게 해주는 방법들을 알게 되었다. 또 작은 실천을 해서 바꾸다 보니 지금은 부모님하고 말을 해도 편안하게 말하는 수준까지 왔다. 나는 생각을 바꾸고부터 마음이 편안해지면서 나의 얼굴에도 미소가 걸리게 되었다. 행복한 사람들의 공통점을 나름 정의한 대로 나도 그 길을 가고 있다.

1장_ 열심히는 살고 있습니다만 여전히 불행한 이유

그럼에도 불구하고
감사합니다

01

책 쓰기에 도전하고 성공함에 감사하다

/

나는 평소에 도서관을 자주 찾는다. 무료로 볼 수 있다는 점과 강의를 들을 수 있다는 장점이 있어서다. 아르바이트를 쉬고 있을 때였다. 그날도 시간이 남아서 도서관에 들렀다. 도서관에선 '삶을 찾아가는 글쓰기 강의'를 연다고 했다. 하지만 나와는 먼 나라 일이라고 생각하고 있던 터였다. 그러다 갑자기 뭐 지금까지 안 해본 걸 해보자 하는 마음으로 수강 신청을 했다.

수강 첫날 조그마한 강의실이 꽉 차서 강사 선생님이 버거워하시는 것처럼 보였다. 그러나 경험이 많으신 강사 선생님이셨다. 첫날부터 글쓰기의 배경을 설명해주시면서 써보라고 말씀하셨다. 어디서부터 어떻게 해야 할지 난감했다. 그래서 나는 자주 질문을 했다. 고등학교에 다닐 때부터 나는 모르거나, 궁금한 것이 있으면 질문을 잘 하곤 했다.

그런 내가 옆에 계신 분에게 안 되어 보였는가 보다. 그분이 자신이 알고 계신 걸 설명해주셨다. 첫날 강의는 그렇게 지나갔다. 물론 그날 쓴 건 끝까지 완성해야 한다는 말씀이 있었다. 도서관 강의는 시간이 지날수록 사람들이 줄어든다는 특징이 있다. 하지만 나는 꾸준히 출석했다. 강사 선생님은 잘 출석하는 내가 기특한지 처음부터 글 쓰는 법과 순서를 알려주셨다. 나는 독선생님을 들였다는 기분이 들었다. 끝까지 글쓰기를 알려주신 선생님에게 감사하는 마음이다.

나는 '글쓰기가 재미있네.'라고 생각했다. 문장이 만들어질 때마다 다음에 더 쓰고 싶다고 생각하게 되었다. 도서관에서는 수강생들의 글을 모아 책으로 만들어주었다.

책이 완성되기 전에 나는 요양보호사 자격증을 공부하고 있었다. 그러다 코로나가 시작되면서 이어서 글쓰기를 공부하기가 어려워졌다. 자격증 공부 중 도서관에서 책을 만들었다고 연락해와 책을 찾으러 갔다. 조그마한 소책자였다. 그곳에 내 이름이 박혀 있었다. 받자마자 떨리고 기분이 좋았다. 내 재산이구나 하는 뿌듯함이 올라왔다. 몇 달간 그 책을 못 읽고 덮어놓고 있었는데 책을 읽어볼 기회가 왔다.

집 근처 다이소에서 일하면서 많은 사람을 만날 수는 있었지만 대화할 시간이 없었다. 주 3회, 회사에서 물건이 오면 전날 빠진 물건을 채워 넣기 바빴다. 공장에서 단순노동은 해보았지만, 사람들을 만나서 물건을 파는 건 처음 해본 일이었다. 그리고 이렇게 다양한 물건들은 처음 보았다. 매장도 100평은 되는 듯했다. 나는 걸어서 출퇴근했다. 근무할 때 나는 두 가지를 생각하며 일하기로 했다. 첫째, 즐겁게. 둘째, 상대를 통해서 배우자. 나는 모든 사람이 나의 스승이라는 마음으로 일했다.

그런 마음으로 일하기 시작하자 사람들과 부딪침이 있어도 가볍게 넘어갈 수 있었다. 나는 '감사합니다'를 계속해서 연습하고 있었다. '당신은 나의 스승입니다'란 말과 같이. 이렇게 상대를 위해 기도하다 보니 시간이 금세 지나갔다.

내가 일하는 다이소는 개인 매장이다. 그런데 2022년 3월부터 직영점으로 넘어간다. 직영점이 되면 나도 근무할 수 있는지 그 여부는 알 수가 없었다. 모두 불안한 마음으로 근무하고 있었다. 나는 같이 근무하는 동료들이 열심히 일하는 모습을 보았다. 이럴 때 응원을 해줘야 하는데…. 칭찬의 말이 나오지 않았다. 대신 일을 잘못했으면 '죄송합니다.' 하고 사과하곤 했다.

그러던 어느 날, 팀장 언니가 이렇게 말하는 것이었다. "말을 듣지도 않고 일도 잘 못하는데 어떻게 본사에 소개해주냐?" 책임자인 자기 입장에서는 일을 야무지게 못 하면 소개해줄 수 없다. 그렇게 매장에서 큰소리로 나에게 말하는 것이었다. 나는 '상대가 부담이 크구나. 직원들을 생각하면 다 잘해주고 싶은데, 회사에서 원하는 일도 잘해줘야 하고 정말 어렵겠구나.'라는 생각이 들었다. 그래서 나는 "네, 알겠습니다."라고 씩씩하게 대답했다. 그러곤 박스를 버리러 나갔다 왔다.

그때 같은 동료가 나에게 "언니, 내가 마음이 다 안됐어."라고 말했다. 그러면서 언니가 여러 사람이 있는 곳에서 그런 말을 듣는 게 너무 안타까웠다고 말했다. 그 동료의 위로가 고맙기도 했다. 나는 그 말을 들으며 '여기서 근무하게 되지 못하면 다른 일을 알아봐야겠구나. 지금은 이 장소에서 최선을 다하자. 일하다 보면 먹고살 길이 또 생기겠지.' 하는 마음이었다.

집에 오면 책 읽어주는 유튜브를 종종 보곤 했다. 그런데 연관 검색에 〈김도사TV〉 화면이 떠 있었다. 무심코 듣게 되었는데 딱 한마디가 귀에 들어오는 것이었다. "성공해서 책을 쓰는 게 아니라, 책을 써야 성공한다."라는 말이었다. 이 말을 자신 있게 전하는 김도사님을 보게 되었다. 그리고 화면 아래의 URL을 아무 생각 없이 누르고 카페에 가입하고 있는 나를 발견했다.

나는 이전에도 가입한 카페가 한 군데 있다. '귓전명상' 카페다. 가입만 하고 활동은 하지 않고 있다. 댓글도 단 적이 거의 없다. 다만 유튜브를

감사하면 보이는 것들

통해 그때그때 필요한 부분만 보고 있다. 나에게는 많은 도움을 주는 곳이다.

그렇게 〈김도사TV〉에 가입한 사실을 잊은 채 바쁜 일상을 보내고 있었다. 요양보호사 일을 하고 있던 어느 날, 모르는 전화가 걸려 왔다. 평소에 나는 모르는 전화가 오면 안 받는다. 전화를 받았다가 돈을 준다는 말을 믿고 유선방송을 바꾼 일이 있었는데 돈을 안 주는 것이었다. 그래서 몇 개월 동안 전화해서 받아냈는데, 그 과정이 너무 힘들었었다. 그래서 전화를 무시하게 되었다.

하지만 이번에는 받아도 되겠다는 마음이 들었다. 전화를 받자마자 맑은 목소리의 주인공이 〈한책협〉에 1일 특강이 있으니 2022년 1월 2일에 들어보라고 권유하는 것이었다. 어! 망설여지면서도 왠지 들어야만 한다는 생각이 들었다. 마침 강의료도 가지고 있어서 듣겠다고 대답했다. '공부하는 건데, 까짓것 한번 해보는 거야.' 하는 심정이었다.

1일 특강이 있는 날은 시댁을 방문하는 날이었다. 시댁에는 "제가 공부하고 있어서 일찍 가겠습니다." 하고 평소보다 일찍 나와서 남편이 운전하고 있는 사이 강의를 들었다. 그때 찍힌 나의 사진은 차 안과 내 머리만 조금 보이는 사진이다. 그걸 보고 나는 '괜찮아, 5시간 강의를 들은 게

얼만데.' 하는 생각이 들었다. 그렇게 해서 〈한책협〉의 김태광 대표를 알게 되었다. 김태광 대표는 25년 동안 300권의 책을 집필하였고, 12년 동안 1,200명의 평범한 사람들을 3~4주 만에 작가로 만든 최고의 책 쓰기 코치였다. 나는 그의 책들 가운데 『더 세븐 시크릿』, 『평범한 사람을 1개월 만에 작가로 만드는 책 쓰기 특강』, 『1년에 10권도 읽지 않던 김대리는 어떻게 1개월 만에 작가가 됐을까』를 읽었다.

  나는 바로 〈한책협〉의 책 쓰기 과정에 등록했다. 강의가 있는 날은 밥도 안 먹고 들었다. 왜냐하면, 7까지 근무했기 때문이다. '강의를 열심히 들어야 해. 이 시간은 다시 돌아오지 않는다.' 하며 들었다. 나는 내가 할 수 있는 최선을 다했다. 아마도 팀장 언니의 말이 위기감을 주어 다른 길을 찾고 있었나 보다.

  1주 차 수업을 듣고 '생각보다 어렵지 않네, 틀려도 좋다니까 한번 해 볼 만하겠다.'라는 근거 없는 자신감이 생겼다. 그리고 김도사님이 책을 쓰기 좋게 목차를 다 잡아주셨다. 완전 전문가이신 분이다. 믿음이 갔다. 책 쓰기 프로그램은 따라가다 보면 재미가 있었다. 내내 감탄하면서 공부하게 되었다. 그리고 말도 안 되는, 기적 같은 일이 일어났다. 책 쓰기 교육 과정에 등록한 지 3주 만에 출판 계약을 한 것이다. 그것도 출판사 대표님으로부터 원고의 주제와 제목, 목차, 원고가 너무 좋다는 폭풍 칭찬까지 들으면서까지 말이다.

책을 쓰면서 그동안 나 자신에 관해 부정적으로 생각했던 나의 모습들이 수면 위로 떠오르는 경험을 했다. 나는 '나는 바보다.' 하면서 산 적이 있다. 그래서 그런지 매사에 엉성했다. 그리고 그 말에 동의해서인지 모든 일에 계속 엉성했다. 그 생각을 전환하게 된 것이다. 와우, 잊고 있던 생각을 이렇게 꺼내주시다니. 나는 창피함보다 내가 모르는 것을 알려주신 분께 감사함을 느꼈다. 나는 책 쓰기 교육을 받으면서 책만 쓴 것이 아니었다. 무엇보다 의식 변화가 가장 컸고 구체적인 꿈과 목표가 생겨났다. 앞으로 내가 어떻게 살아가야 할지, 내가 갖고 있는 지식과 경험, 노하우를 어떻게 활용할 수 있는지에 대해 제대로 배울 수 있었다.

세상에는 자신의 생각을 스스로 바꾸지 못하는 사람들이 더 많다. 나도 그런 사람 중 하나였다. 자신의 생각을 알면 사는 것이 편안하겠다는 생각이 든다. 그리고 김태광 대표를 만난 후로 또 다른 기적을 경험했다. 그동안 나는 말을 할 때 주저주저하는 습관이 있었다. 그런데 〈한책협〉 프로그램에서 활동하다 보니 어느새 긍정의 단어를 쓰고 있었다. 긍정의 단어를 쓰다 보니 자신감이 생겼다. 그리고 상태가 더욱더 좋아지면서 예전에는 하지 못했던 말들을 쏟아내고 있다. 나는 지금 많은 사람들에게 〈한책협〉을 소개하고 있다. 자발적으로 〈한책협〉 홍보대사가 된 것이다.

나는 책을 쓰는 일은 인생을 바꾸는 일이라고 생각한다. 지금까지도 마음이 성장했고 앞으로도 계속 성장해나갈 거라는 확신이 든다. '될 때까지 해보자!'라는 마음으로 오늘도 나는 책을 쓰고 있다.

가슴이 시키는 일을 할 수 있어 감사하다

/

〈한책협〉을 만나기까지 2년 걸렸다. 2020년에 천리교 선생님이『허공의 놀라운 비밀』이란 책을 보여주시면서 "이런 책도 한번 읽어봐요. 천리교 교리와 비슷해요. 다른 종교를 배타적으로 보지 않고 좋은 것은 받아들여봐요."라고 하시는 것이었다. 내 생각의 틀을 깨는 시초였다. 허공이 밭이라고 생각하면서 긍정의 씨앗을 뿌리는 것이다. 감사하면 감사의 씨앗을 뿌리고 집을 사고 싶으면 집의 씨앗을 뿌리는 것이라고 말씀하신다. 나는 좋은 느낌을 받았다. 그리고 책 쓰기에 도전하는 것은 어떠한지 살짝 물어보신다. 책 읽기를 재미있어하는 나는 쓸 수도 있겠지 하고 생각하고 "때가 되면 하겠지요."라고 했다. 그리고 잊고 있었다. 그 와중에도 도서관에서 하는 글쓰기를 배우고 있었다. 내 생각이 글로 되는 것이 재미가 있었다.

  그리고 상상을 했다. 이 글쓰기를 배우면서 나는 질문을 했다. 선생님 "이것이 모이면 책이 되나요? 어떻게 되지요? 아주 평범한 글인데." 하고 물어보았다. 강사 선생님은 "당연하지요. 이런 문단이 여러 개 모여서 책이 됩니다."라고 하신다. 같이 배운 분들의 글이 소책자로 나왔을 때 강사 선생님을 한 번 만난 적이 있다. "제가 글을 계속해서 배우고 싶은데 어떻게 하면 될까요?" 하니 글을 써서 메일로 보내주면 봐주시겠다고 했다. 거기까지이다. 그 후로 그 강사 선생님은 만날 수 없었다.

  나는 소책자를 요양보호사 자격증 준비를 하고 있을 때 받았다. 작은 소책자를 보면서 가슴이 떨렸다. 책을 펼쳐 볼 수가 없었다. 그때 선생님이 조앤 롤링의 예를 들면서 "누구나 글을 쓴다. 누가 그 작품이 베스트셀러가 될 줄 알았겠는가." 하면서 용기를 주셨다. 나는 그 말을 듣고 상상을 했다. '그래, 책을 써서 베스트셀러 작가가 되면 내 삶은 훨씬 좋아질 거야. 그게 잘되면 한 권 더 써야 하지 않을까?' 하고 상상의 나래를 펴는 것이었다. 느낌이 좋았다. 그 상상을 한 지 2년 만에 나는 홀리듯 〈한책협〉 카페에 가입하고 일일 특강을 듣고 책 쓰기 과정 5주를 거치면서 책을 썼다.

순식간에 과정 5주 차가 지나고 나는 출판 계약을 했다. 출판사 관계자분의 말을 들으면서 짧은 시일 내에 책을 써야겠다고 다짐을 했다. 물론 〈한책협〉 대표 코치님이 많이 도와주셔야겠지만, 책 쓰기에 있어서 깡통인 내가 뭘 알고 쓰겠는가? 모든 비법을 목숨 걸고 코칭해주신다는 멘트를 보내면서 하신다. 어느 누가 이런 말을 쓸 수 있는가. 많은 사람을 작가로 만드신 분만이 쓸 수 있는 말이다. 경험과 노하우가 '넘사벽'이다. 자랑할 만하다. 자부심을 가질 만하다.

올해 들어 한 달에 25명의 출판 계약을 하신 분이다. 그 속에 내가 들어간 것이 자랑스럽다. 같이 있으면 모르지만 떨어져서 보면 커다랗게 보인다. 이미 내가 작가의 반열에 오른 것이다.

나는 언제부터 책을 쓰고 싶었던 것일까? 생각해보면 어릴 적부터이다. 일기를 곧잘 쓰곤 했다. 글이 만들어지는 것을 좋아했던 기억이 난다. 옆길로 새자면 나는 중학교 때 로맨스 소설책을 사서 읽었다. 그리고 책을 들고 학교에서 점심시간에 열심히 읽고 있었는데 선배가 와서 내 책을 빼앗아갔다. 없는 돈 모아서 산 내 책을 그 뒤로 돌려주지 않았던 것 같다. 그 무렵 같은 반 친구가 『올훼스의 창』이라는 책 3권을 돌려보고 있었다. 나는 그 책이 꼭 읽어보고 싶어서 나에게도 빌려달라고 말을 하니 이미 순서가 있어서 안 된다고 말했다. 그래서 "내가 하루만 읽고 줄 테니 빌려줘." 하고 말했다 내가 간절해 보였는지 빌려주었다. 나는 밤새 책 3권을 다 읽고 돌려주었다. 그 책을 빌려준 그 친구는 내가 빌려간 후 며칠 걸릴 거라고 생각을 했는데 약속대로 하루 만에 돌려주니 깜짝 놀란 눈치였다. 나도 놀랐다. 내가 그렇게 책을 읽을 거라는 생각을 한 적이 없다. 보고 싶은 건 어떻게 해서든 보려고 하는 마음이 간절했었던 것이다. 그리고 청주로 이사 가서 친구 하나를 사귀었다. 이 친구는 남달랐다. 그때 새로 배정받은 학급은 나를 왕따시키는 분위기였다.

그 친구는 나에게 말을 걸어준 친구이다. 가정형편이 좋지 않아 야간 고등학교에 갔다. 나는 상업고를 갔다. 그래도 시간이 나면 가끔 만났다. 내가 가장 힘들어하는 시간을 옆에서 보고 도와준 친구이다. 그리고 신기한 이야기를 많이 해주었다. 조상에 관한 이야기, UFO에 관한 이야기를 듣고는 나는 깜짝 놀랐다. "UFO가 있다고 하는데 너는 믿니?" 하니 "응, 있어." 하고 답을 한다. 그런데 무서워 지구 깊은 곳이나, 지구 둘레 특정 부분에 있다고 한다. "헉 그래, 무서우니 만나지 않는 게 좋겠다." 등등의 대화를 한 기억이 난다. 내가 아무 의심 없이 이것저것 물어보니 나보고 보통은 아니구나 한다. 보통이 아닌 것이 무엇인지 갸우뚱하던 중, "나랑 비슷해." 한다. 영혼을 볼 줄 안다는 것을 말하는 것이다.

나는 현실 세계에서 영혼을 볼 줄 모른다. 다만 느낄 뿐이다. 나중에는 영혼이 맑다는 소리도 들었다. 그래서 그런가? 사람들에게 마음을 많이

감사하면 보이는 것들

다친 것이 많다. 그래서 너무 어릴 적부터 나는 마음의 문을 닫아놓고 살았다. 그래서 어린 시절이 짧게 기억 난다. 빨리 성숙해야 할 사람, 내 마음속에는 어린아이가 있는데 어린 시절을 뛰어넘어 어른의 세계에 들어선 것이다. 그리고 사람들의 이야기를 잘 들어주는 편이었다. 그 속에 교훈이 있고 정보가 있기에 귀담아들었다. 언젠가는 내가 써먹을 일이 있을 것으로 생각했다. 그리고 잠시 이야기를 할 때는 정말 옛날에 들은 이야기를 꺼내서 말을 시작하기도 한다. 재미있다고 하는 사람도 있고 나를 피하는 사람도 있고 각자 반응이 다르다. 그 이야기들은 책으로 만들면 많이 나올 것이다.

나는 방송대에서 중국어를 전공했다. 그리고 한문 공부를 자주 한다. 중국의 사자성어 '결초보은'을 아는가? 이 사자성어는 순장에서 나왔다고 한다. 순장은 통치자의 처첩, 신하, 노비 등을 통치자가 죽을 때 산 채로 같이 묻는 관습이라고 한다. 고대 중국에 어떤 통치자가 60세에 유언을 했다. "내가 죽으면 처첩을 내보내라." 그런데 70이 되어서 말을 바꾼다. "아니다. 같이 묻어주어라." 하고 말했다. 그 말을 들은 아들은 아버지가 노망이 들었다고 혼자 판단해 아버지의 말을 따르지 않고 처첩을 살려서 내보냈다. 그 일이 잊혀져갈 때쯤 아들이 전쟁터에 가게 되었고 어려운 싸움을 하고 있었다. 적을 만나기 하루 전날 꿈을 꾸었다. 예전에 살려서 보낸 처첩의 아버지인데 고맙다는 말을 아들에게 하고 그래서 은혜를 갚는다면서 어디 벌판으로 적을 유인해서 싸우면 도와주겠다고 말하는 꿈이었다. 꿈에서 말한 대로 그곳으로 유인해 갔는데 적의 말들이 쓰러지면서 아들이 전쟁에서 이겼다는 이야기이다.

유인해간 장소에는 풀들이 묶여 있었다고 한다. 그래서 풀을 묶어서 은혜를 갚는다는 뜻의 '결초보은'이다. 고사성어에는 교훈과 재미, 둘 다 있다.

나의 책 쓰기는 치유가 목적이다. 그리고 여러 파이프라인을 만들기 위함이다. 직장만 다녀서는 안 되는 시절이 왔다. 투잡, 쓰리잡 하시는 분도 있다. 나도 투잡에 속한다. 그러나 언제 무슨 일이 생길지 알지 못한다. 책을 쓰기 전에 나는 직장 그만두면 무엇을 하지 하고 생각한 적이 있다. 걱정은 하지 않았다. 내가 부모님을 위해 이렇게 착하게 사는데 이런 사람을 도와주셔야지 어떤 사람을 도와주겠는가. 나는 당연히 성공하는 사람이 되어야 한다. '감사합니다.'

자신 있게 한번 말해본다. 책 쓰기는 자존감을 많이 높여준다. 자기반성을 하게 해주고 성격이 좋은 쪽으로 변한다. 자기 수양도 되고 돈도 벌고 '앗싸!' 하는 순간이 오게 되지 않을까? 일석이조가 아닌 삼조 사조도 된다.

책 쓰기는 내 가슴속에 있는 걸 나오게 한다. 드러나서 선한 영향력을 미치게 된다. 나와 같은 사람은 많지만, 책을 쓰는 사람은 10%밖에 안 된다고 한다. 먼저 선점했다는 자부심이 생긴다. 좋은 건 나누어야 한다고 한다. 내가 책을 출판하면 책 쓰기에 관심 있는 사람에게 권할 것이다. 그 사람이 좋아졌으면 더욱 좋다. 많은 사람을 구해주는 사람이면 좋겠다. 나는 평범하게 살 사람은 아니다. 안전한 장소에서 벗어나야 나는 살 수 있을 것 같다. 흔히 모험이라고도 한다. 맞다. 책 쓰는 일은 모험이다. 어떤 것이 올지 알 수 없는 미지의 세계 탐험 시간을 보내게 된다면 재미가 있을 것이다. 재미도 있고 돈도 벌게 되니 일석이조가 되지 않을까 싶다. 최종 목적이 돈이기는 하다. 사람에게는 돈이 필요하다. 나도 돈에 대한 긍정의 생각을 하기로 했다. 첫 출판 계약에서 가슴이 두근거렸다. 그리고 책 쓰기 내내 가슴이 벌렁거린다. 가슴이 뛰는 일을 하라고 하는데 이미 하고 있다.

나는 작가다. 나는 신이다. 책 쓰기는 나다운 나를 찾아가는 순간이다. 내 책은 베스트셀러가 된다. 된다. 나는 된다. 나는 행복해서는 안 되는 일은 없어. 하지 않으면 이룰 수 없는 거야.

나는 모든 좋은 것을 즐거운 마음으로 받아들인다. 나는 나를 좋아한다. 나는 나를 사랑한다. 감사합니다.

03

당연한 것에도 빠짐 없이 감사하다

/

존경하는 선생님이 말하기를 이 세상은 물과 불과 바람(공기)에 의해 만물이 수호받고 있는 것처럼, 인간의 생명도 수기(혈액, 뼈, 살, 피부)와 온기(체온)의 바람(숨, 호흡)에 의해 유지되고 있다. 이러한 것들은 당연한 것이 아닌가 생각하게 된다. 그런데 세 가지가 없으면 우리는 살 수 없다. 수기가 없어지면 미라가 될 것이고, 체온이 없어져 차가워지면 시체가 되며, 숨이 끊어져도 생명은 끝나게 된다. 당연한 것을 바쁜 일상 속에서 잊으며 살고 있었다.

20대의 나는 낮에는 직장 생활, 저녁에는 붓글씨 학원, 늦은 밤에는 방송대학 공부를 열심히 하고 있었다. 한 날 아버지가 나를 불러 놓고 나에게 욕심이 많다고 말하면서 공부를 안 했으면 좋겠다는 말을 했다. 모든 부모님은 자식이 공부하려 하면 도와주는데 왜 하지 말라고 말을 했을까? 그때 당시에는 아버지는 내 공부를 방해하는 사람으로 단정하고 그 뒤로 아버지를 피해 다녔다. 나는 그저 배우고 싶었다. 뭐라도 그 길이 성공의 길이라고 생각했다. 목표를 정하지 않고 그저 하면 되는 줄 알았다. 나는 배우는 속도는 느리지만, 끝까지 간다는 마음으로 항상 공부를 열심히 했었다. 그러나 부모님은 "공부하지 마라, 돈을 모아서 시집가야지."라고 말씀하시는 것이었다.

나는 21세부터 시집가라는 말을 들었다. 하고 싶은 것이 많은데 시집을 가라니 이건 말이 안 된다. 부모님과 매일 부딪쳤다. 그런 상태에서는 대화를 나눌 수도 없었다. 부모님과의 트러블이 있는 아침은 출근하기 싫었다. 마음이 편치 않아 얼굴을 항상 찡그렸다. 저녁에 배우는 재미있는 붓글씨도 근심 있는 얼굴로 가서 한 글자도 못 써보고 먹만 갈다가 나온 적도 많았다.

마음은 불안하고 내가 하는 일은 진전이 없는 듯하고 공부하는데 글자가 들어오지 않고 부모님은 돈이나 모아서 시집이나 가라고 하시는데 받아들이고 싶지 않았다. 마음이 왔다 갔다 하니 부정적인 말들만 들렸다.

지옥이 따로 없는 삶이랄까!

"나 힘들어." 고백도 해보았지만, 호강에 받쳐 요강에 똥 싼다는 말만 들었다. '네가 부족한 게 뭐니? 밥 먹을 수 있어? 학교 다녀.' 이와 같은 말들이었다. 마음이 너무 공허했다. 처음부터 끝까지 내가 잘못한 것이라고 말들을 한다.

부정적인 말들에 싸여가던 중 잠을 못 자는 날들이 계속되었다. 사람이 잠을 못 자면 이상해진다. 헛소리도 잘하고 정상 행동을 하지 못한다. "쟤 똘아이 아니야?" 하는 소리를 은근히 듣고 있었다. 솔직히 그런 말들이 귀에 잘 들리지도 않았다.

잠을 못 자는 날들이 늘어나면서 나는 아버지에게 수면제를 사달라고 부탁을 했다. 딱 하루 먹고 잠을 잤다. 수면제는 기대만큼 효과가 없었다. 정신이 온전치 못하니 체력이 바닥이 되었다. 머리는 항상 띵하고 어깨는 구부정해지고 발걸음은 무거워져만 갔다. 세상 살맛 하나도 없는 생활을 하다가 방송대 중국어과 같은 학번 언니를 만났다. 숙제도 도와주고 공부하는 법도 알려주고 말도 편하게 말해주어서 고맙고 부러웠다. 왜 나는 저 언니처럼 웃을 수 없는 걸까 하는 생각을 하면서 언니 말을 열심히 들었다. 말이 다 옳고 내가 부모님에게 잘못하고 있구나 하는 깨달음을 주기도 했었다.

감사하면 보이는 것들

우연한 기회에 그 언니에 의해 천리교 신앙생활을 하게 되었다. 내가 무엇을 하든 부모님은 걱정하시면서 "너 이상한 데 다니는 거 아니니?" 하시는 것이었다. 나는 불안한 가운데에서도 항상 희망은 있다고 생각했었나 보다. 내가 선택한 것이 옳다고 생각하고 신앙생활을 했었다. 내 신앙은 실천을 강조한다. 듣고 흘리는 것이 아니라 내 것이 되도록 하는 것 깨달음이 첫째이다.

청주에는 육거리 시장이라는 곳이 있다. 우리 집에서 걸어서 갔다 오는 시간만 두 시간이 된다. 그 길을 선생님과 함께 매일 걸어 다녔다. 의무적으로 했던 직장 생활이나 좋아했던 취미활동, 공부가 부족해서 더 공부하고 싶었던 방송대 공부 등 내가 하던 모든 것들은 중단하고 열심히 따라 다녔다.

처음에는 의무적으로 했지만, 날이 지날수록 재미가 있었다. 그 시간을 은근히 기다리기도 했다. 다른 사람이 보기에 나는 말을 뚝뚝 잘라서 말하고 마음에 들지 않는 말에는 대답도 안 하고, 화를 잘 내고 더불어 감정 기복이 심해 보이는 사람이었다. 석 달쯤을 그렇게 다닌 어느 날 문득 몸이 가벼워지는 걸 경험을 했다. 지금은 그분에게 감사하게 생각하지만, 그때 당시는 나를 귀찮게 하는 분으로 생각하여 말도 심하게 했다. 정말 지금 생각하면 죄송하다.

대화 나누며 걷기 3개월. 이 실천을 하고 나서 친구와 함께 육거리 시장을 갔다. 모르는 분이 길을 물었다. 친절하게 알려 드렸더니 통성명하자고 해서 안면을 텄다. 그래서 그 친구에게 서로 소개해주었다. 별생각 없이 그리고 나서 친구와 둘만 남았을 때 "너 저 사람 알아?" 하고 물어보는 것이었다. 나는 "아니, 이 장소에서 처음 만난 사람이야."라고 답했다. 그 친구가 보는 상황에선 내가 아는 사람을 소개해준 줄 알았나 보다. 화를 내면서 "너도 모르는 사람을 왜 나에게 소개해주니." 하고 말했다. 그때 나는 '어! 나는 말을 잘 못 하는 사람인데 웬일로 모르는 사람과 말도 하고 그러네.' 하는 생각이 떠올랐다. 내가 변한 거라는 생각과 그 친구 입장으로서는 화를 낼 만하다는 생각이 들었다. 나는 모르는 사람과도 말을 하는 경우까지 생긴 것이다. 모르는 사람과 대화하기는 지금도 잘하고 있다. 나는 항상 그대로인 것 같은데 내 주변 사람들에게 비치는 나의 모습은 조금 색다른가 보다.

더불어 다리에 힘도 생겨서 숨도 안 차고 잘 걸을 수 있는 건강한 몸으로 바뀌어 갔다. 이렇게 바뀐 점은 다른 사람들의 말을 통해 알게 되었다. 선생님이 말하기를 처음에는 가다가 쉬고 가다 쉬고를 자주 하더니 어느 정도 되니까 쉬지도 않고 잘 가더라는 것이다.

내가 그렇게 걷지도 못했나? 그럼 지금 잘 걷는 건가 하고 의아하게 여

감사하면 보이는 것들

겼던 생각이 난다. 맞다. 나는 걷는 걸 싫어하기도 하고 잘 걷지도 못했다. 몇 년 전 〈커피 프린세스〉에 나오는 산울림 리더 김창완이 연기했던 캐릭터가 보여준 '귀찮니즘'이 떠오른다. 걸으면서 선생님께 들은 소리는 두 다리가 멀쩡해서 걸을 수 있으니 얼마나 감사한가이다. 다리가 아파서 못 걷는 사람들도 많으니 감사하게 생각해야 한다는 말을 많이 들었다.

숨 쉬는 것도 감사해야 한다는 것이다. 병원에 가면 산소마스크를 비싼 돈을 내고 대여해 숨을 쉰다는 말을 해주셨다. 지금 와서는 정말 그 말이 진리라는 것을 알게 되었다. 내가 내 몸으로 체험을 해보니 숨 쉬는 것이 얼마나 고마운 일인지 알게 되었다. 육거리 시장 구경을 할 때 열심히 흥정하는 사람들을 보면서 나도 그 사람들 속으로 들어가고 싶었다. 열심히들 살아가고 있는 모습이 좋아 보였다.

그럼에도 불구하고, 당연한 것에 감사하기를 잊고, 장에 갈 때마다 물건 살 돈이 왜 없지 하고 불평하며 다녔다. 사는 건 다 사면서…. 그걸 반성하면서 나는 물건 살 돈이 충분히 있다, 나는 그 돈을 쓸 충분한 자격이 있다고 바꿔 생각하고 나서는 시장 가는 발걸음이 가벼워지면서 범사에 감사하는 생활을 하게 되었다. 두 발로 걸을 수 있음에 감사합니다. 감사합니다. 반복한다.

04

혼자만의 시간을 가질 수 있어 감사하다

/

예전에 나는 마음이 몹시 혼란스러워서 아무도 없는 산에 들어가 혼자 살면 좋겠다고 생각한 적이 있었다. 그러나 현실은 반대로 누군가의 요구사항을 들어주고 행동하고 내 것에 집중하기보다는 남의 것을 보느라 시간을 다 빼앗긴 적이 많다. 그리고 나 자신을 돌아보는 일을 할 수가 없었다. 그래서 혼자만의 시간을 갖고 싶었다.

우주에 뿌려놓은 씨앗은 정직하다. 그 싹이 나오고 있다. 나는 부모님의 기대에 호응하기 위해 끊임없이 눈치를 보고 행동을 하고 살아왔다. 그런데 그게 일관성이 없는 기대였다. 하루는 네가 저 사람처럼 됐으면 좋겠다고 하고 10분도 지나지 않아서 TV를 보며 네가 저 사람처럼 됐으면 좋겠다고 한다. 헉! 나는 속으로 엄마의 소원을 들어주려고 하는데 엄마는 많은 요구를 한다. '정신없다. 시끄럽다. 아! 조용한 곳에 가서 쉬고 싶다. 제발 한 가지에만 집중하게 도와주면 좋겠다. 혼자 있고 싶다.' 하는 생각을 반복했다.

그랬던 내가 지금 혼자만의 시간을 갖게 되었다. 물론 일상은 바쁘게 돌아간다. 삶이니까! 그런 혼자만의 시간은 아니고 정신적으로 혼자만의 시간을 말한다. 내 정신 세계가 사방에 마음을 팔고 살아서 피곤함을 느꼈던 것이었다. 비교가 가장 으뜸이다. 도무지 선택을 못 하게 방해를 한다. 그래서 선택을 하기 위해 '이건 이래서 싫다'가 아닌 '좋다'로 생각을 전환하기 시작했다. '엄마는 이래서 싫다'가 아니고 '엄마는 이래서 좋다. 감사하다.'라는 식으로의 생각 전환은 나를 혼자만의 세계로 들어갈 수 있게 만들어주고 있다.

매장에서 나는 말이 많은 사람으로 통한다. 어라, 말을 못 해서 힘들다고 생각하는 것은 왜일까? 사실 나는 내가 하고 싶은 말을 하는 것이 아니다. 그저 눈치 보면서 상대를 향해 말을 늘어놓는 것뿐이다. 상대의 의중을 모르기 때문이다. 내 세계에 갇혀 있어서 나갈 수 없고 행동으로는 앞뒤 없는 움직임을 한다 그래서 상대방을 혼란스럽게 만든 것이다.

생각과 말과 행동이 따로 놀아서 온 현상이다. 이쪽도 생각해야 하고 저쪽도 생각해야 한다. 내 어린 시절 7세 때 친할머니네 집에 아버지가 나를 맡겨놓았다. 학교 들어가면 할머니 댁에 갈 일이 없을 것 같다는 생각이신 듯했다. 그 할머니가 시간만 나면 "니네 엄마 돈을 많이 쓰지?" 하고 물어보신다. 뭐라고 대답했는지 가물가물한데 할머니가 원하는 답을 했을 것이다. 그리고 엄마에게 돈을 많이 쓰지 말라고 전하라는 것이다. 나에게 엄마의 행동을 제재하게 하는 말을 하신 것이다. 할머니가 직접 하시지 못하니 어린 딸을 시킨 것이다. 이 말을 엄마에게 전하지 않았다. 그냥 가만히 있었다. 그런데 통했는지 나는 말을 안 해도 엄마는 나를 보면 조부모 안 좋은 점을 말한다. 그래도 나는 나에게 있어 조부모는 조상인데 하는 생각을 하고 있었다. 그러면 나는 엄마를 향해 공격적인 말을 한다.

그때 엄마의 말에 호응만 했더라도 일이 크게 번지지는 않았을 것인데…. "엄마 조부모가 엄마의 말처럼 하지. 나도 그렇게 생각해. 하지만 그 뜻은 그것이 아닌 것 같아." 하고 말을 해주었다면 엄마는 딸이 자신을 편들어줬다고 좋아했을 것이다.

그리고 나는 내 할 일을 할 수 있었을 것이라는 확신이 든다. '무조건 내 편 들어줘. 딴사람은 다 필요 없다.'라는 신호이다. 어린아이가 이해하기에는 어려운 난이도이다. 나이 50이 넘어서 지금 현재 시점까지 이해를 못 하다가 최근에 '어라! 내가 그 부분을 놓쳐서 정신세계가 시끄러운 것이구나!' 하고 느꼈다. 상대가 흥분하면 우선 박자를 맞추어서 '그래, 그래서 화가 났네, 나 같아도 화가 날 만하다. 그리고 어떻게 됐어?' 하고 상대의 의견을 물어보면 된다는 사실, 이 간단한 사실을 이제야 알게 됐다. 그리고 바로 실천을 해보았다. 최근에 엄마와 통화를 하면서 "누구네 음식 가지고 오지 마라. 다 갖다 버렸다."라는 말씀을 들었다. "헉…, 음식 아까워라!"라고 생각하고 "응, 알았어. 다음에 가지고 오지 말라고 전할게."라고 말씀드렸다. 그리고 다음은 아버지에 대한 불만을 말한다. 그러면 "아버지는 왜 그런데?"라고 박자를 맞추어주고 "엄마가 알아서 선택해." 하고 전하면 엄마는 잠시 생각을 멈추고 당신이 한 말, 음식 가져다준 분에게 전하지 말라고 하신다. 그것도 "응, 알았어. 엄마가 말한 그 일 있지? 전하지 않을게." 하고 말하니 엄마가 화가 올라 왔다가 끓는 냄비가 한 김 빠진 것처럼 차분해진다. 한 김만 빠지면 그때부터는 내 말이 들어간다. 성공한 사람들은 그 사실을 잘 알고 있다. 나는 이제 알게 됐다. 성공자의 삶으로 들어가려 한다.

상대를 기분 좋게 만들면 나도 기분이 좋다는 걸 다시 한번 알게 되었다. 엄마의 기분을 풀어주고 나니 나는 내 할 일을 할 수 있었다. 혼자만의 시간을 가진 것이다. 감사한 일이다.

나는 그동안 남편의 말을 잘 들어주려고 노력했다. 그것이 가정의 평화를 지키는 것이라고 생각을 했기 때문이다. 한쪽으로 치우친 균형이 맞지 않는 관계란 걸 알게 되었다.

시댁에 제사가 있다. 나는 제사를 꼭 지내야 한다고 생각하고 있었다. 그런데 일요일 저녁에 지내려 하면 오전부터 시골에 가 있어야 한다. 그래야 준비를 할 수 있기 때문이다. 그런데 나는 다이소 근무를 오전에 한다. 그래서 오후에 가기로 했는데 아버님이 전화를 주신다. 그래서 "제가 괴산으로 내려 갈려면 오후 6시쯤 도착해요. 그 길로 음식을 만들게요." 하고 말을 하니 아버님이 "시간이 너무 없다. 9시에 제사를 지내고 바로 집으로 돌아가야 하는데 그건 아닌 것 같다."라고 하면서 당신 자신과 서방님이 음식을 한다는 것이다. 이것은 말이 안 되는 것이다.

아버님의 마음이 불편한 것을 알고 나는 남편에게 전화해서 아버님 의견을 전했다. 그러나 음식을 준비할 사람 없으니 내려오라고 한다. 나는 그럼 '나는 뭐가 되는 거야? 어디 편을 들어줘야 하는 거지?' 하는 뜻으로 말을 했다. 그랬더니 화를 내면서 알아서 하라고 하는 것이다. 이것은 내려오라는 소리다. 그리고 전화를 끊었다. 그리고 바로 둘째 동서한테서 전화가 왔다. 화 게이지 수치가 9인 상태로 나를 향해 말을 한다. 그래서 나는 무조건 미안하다는 말을 하고 상대의 말을 들었다. 자기도 누군가에게 화가 난 상태였다. 화의 방향을 나에게 쏟을 준비를 하고 있었다. 평범한 사람은 그렇게 한다. 나는 그걸 알아버렸다.

감사하면 보이는 것들

다시 진정한 마음으로 사과를 했다. 미안하다는 말을 두 번 하고 나니 동서는 끓은 주전자 같던 마음이 미안하다는 말에 한 김이 빠지면서 자기가 하겠다는 마음을 먹은 것이다. "알았어요. 내가 어떤 선택을 할게요." 하고 차분한 마음으로 전화를 끊는다. 그리고 나는 더 고요한 생각을 가지게 되었다. 남편은 항상 부모 일에 반대하면 그와 같이 화를 내곤 했다. 그러면 나는 끌려다녔다. 내가 서 있지 못하는 환경을 만든 것이다. 이게 아닌데…. 왜 내가 주인이 될 수 없는 것인지 하고 정신세계가 시끄러워진다. 그리고 나도 아이들을 향해 화살을 쏜다. 그러면 우리집은 전쟁터가 된다. 러시아가 우크라이나를 침략한 것처럼 하루 만에도 초토화된다.

또 덜컹거리면서 생활을 지속하게 되나. 그게 나를 불편하게 만드는 원인이었다. 그리고 해결을 못 해서 산에 들어가서 살아야겠다고 생각으로 마음을 가져간다. 피해 다니고 도망 다니면 해결이 될 것이라는 생각을 했다. 그래서 나는 일을 할 때 이중 잣대를 가지고 일을 했다. 예를 들어서 청소를 하는데 매장이 넓다. 그러면 둘이 되든 셋이 되든 나누어서 하면 빠르게 할 수 있는데 나는 혼자서 그걸 다하려고 한다. 그러다가 한소리를 듣는다. "언니, 매일 하는 청소를 왜 그렇게 하냐? 아직도 모르겠어?" 하는 소리에 "아직도 몰라."라고 하려다 번뜩이는 생각에 "아니, 내가 그것도 하고 저것도 하려고 갖다 놓고 잠깐 깜박 잊은 거야."라고 하니 그제야 오해를 푼다. 그쪽 입장에서는 청소를 피하고 안 하고 싶은 마음이 있다. 그럼 자기가 다해야 하는데 그쪽도 힘들 것이다. 명확하게 생각을 전하니 그들은 웃는다. 나는 내가 일을 다 해주고 비난을 소리를 듣는 이유를 알게 됐다. 그들은 내가 피한다고 생각을 하고 부담을 느낀 것이다. 나는 내가 일할 동안 내가 할 수 있는 한 최선을 다하는 마음으로 일하고 있다. 그런데 행동 하나 때문에 다 일해놓고 '도로아미타불'이 되는 경험을 많이 하면서 아무것도 하기 싫고, 놓아버리고 싶은 마음에 혼자 있고 싶다는 말을 되풀이한다. 이건 물리적으로 혼자 있고 싶어 하는 마음이다.

정신적으로 혼자 있고 싶다는 것을 이제 할 수 있게 되었다. 마음이 고요한 평화를 얻었다. 계속해서 나는 전진한다.

혼자만의 시간에 감사하다. 이 방법을 알게 되었다. 나는 부자가 된다. 내 주변에 부자인 사람이 하는 행동을 이제야 알겠다. 그래서 그분은 부자로 사시는 것이다. 지금도 나이가 많으시다. 생각이 남다른 분인 걸 알게 된다. 같은 나이대의 사람들과 생각이 많이 다르고 말씀하시는 것도 평범한 사람과 같은 말은 안 하신다. 누군가 "언니, 집안에 부자는 없어?" 하고 물었다. "응, 있어." 작은 외삼촌이 부자이다. 이분의 생각은 남다르다. 부자는 역시 생각이 많이 남과 다르다는 걸 알게 됐다. 나는 책을 쓰고 브랜딩을 하고 내 지식을 판매해서 외삼촌처럼 부자로 살 것

이다. 내 친척도 할 수 있고 수많은 부자도 했던 일을 왜 나라고 못 하겠

는가. 온 우주가 나를 도와주는 시점인데 나는 성공과 부자의 삶으로 간

다. 〈한책협〉에 감사를 보낸다.

05

긍정적인 말로 성장할 수 있어 감사하다

/

우주에 부정적인 말의 씨앗을 뿌리면서 살던 사람이 이제는 긍정의 말 씨앗을 뿌리고 살고 있다. 내가 불행했던 이유 중 하나가 부정적인 말씨이다. 우주라는 밭에 긍정의 말씨를 뿌리면서 살아야 한다고 들었다.

"농부는 귀중한 돈과 바꾼 씨앗을 흙 속에 뿌려 둔다. 생각해보면 일종의 모험이라 할 수 있다. 그러나 그것은 훗날 몇 배 몇십 배의 수확으로 되돌아오게 된다. 이 이치를 생각하면, 인간은 눈앞의 일에만 사로잡혀서는 안 된다는 것을 알 수 있다."

-『인간은 혼의 덕으로 산다』 중에서

나는 청주에서 태어나 경기도 성남에서 초등학교 5학년까지 다니고 서울 가락초등학교를 1회로 졸업했다. 그리고 일신여중에 입학하고 졸업은 다시 청주로 내려와서 대성여중에 다니다 졸업했다. 학교 전학을 할 때마다 적응해야 했는데 항상 마음이 외로웠다. 그러던 어느 날, 서울 가락동에 살 때 아버지가 몹시 아프셔서 서울에서 생활하기 어려워 조부모님이 계신 청주로 내려갔다. 아버지는 평소에 당신은 일찍 죽을 것이라고 말씀하셨다. 그리고 그 말대로 청주에 내려가서 1년 여를 누워서 생활했다. 내가 대성여자상업고등학교에 들어가 졸업하고 사회생활을 1년 한 어느 날 아버지가 술을 드시고 잠자고 있는 나를 깨웠다. 그리고 내가 살 날이 얼마 안 남았으니 너는 빨리 준비를 하라고 말씀하셨다. 이게 무슨 말인가? 그날부터 내 얼굴은 근심 걱정이 많았다. 어두운 길을 가기 시작했다. 그동안 긍정적인 책을 읽고 살아서 나는 그래도 희망이 있을 거야 하고 여기저기 찾아다녔다. 어떻게 하면 아버지가 살 수 있을까. 그리고 천리교 신앙을 만났다.

마음씨 쓰는 대로 산다는 말을 듣고 아버지가 죽는다는 말을 한 이유를 찾아냈다. 아버지의 할아버지가 50세도 안 돼서 돌아가셨다

그리고 아버지가 한 말 중 '나는 50세도 못 넘긴다.'라는 말이 있었다. 영혼 세계가 있다는 사실을 안 나는 증조할아버지 제사를 지내드렸다. 그렇게 해야만 한다고 나는 생각했다. 부모님 몰래 결혼자금을 쓰기는

했다. 그래도 후회는 안 했다. 내가 해야 할 일이었기 때문이다. 신기했다. 제사 지낸 그날부터 아버지는 점점 술도 줄이고 평소에 고추가 든 음식도 못 드시던 분이 청량을 드시면서 "이제는 살 것 같다. 나는 오래 살 거야."라는 말을 하기 시작했다. 그리고 어느 날 살짝 나를 부르더니 "안 살려고 하는 나를 네가 붙들었다."라고 말씀하셨다. "맞아! 아버지, 그동안 고생했잖아. 아들들도 잘되는 모습도 보고 더 오래 사셔야지. 그리고 우리에게는 아버지가 아직 필요해."라고 말씀드렸다. 나에게는 기적이었다. 그리고 내 얼굴에서 어둠이 사라지기 시작했다. 희망은 있다. 최선을 다해서 찾아보면 도와주는 사람도 있다. 내가 마음먹은 대로 된다.

아버지를 살게 만들어놓고 나는 아버지의 도움으로 결혼을 하게 되었으며 아이도 기르게 되었다. 아이들이 어릴 적 어느 날 엄마가 나와 대화를 하다가 여기에 쓰기 어려울 정도로 나에게 심한 말을 했다. 그 말을 듣고 나는 엄마에게 다시는 엄마를 만나러 오지 않겠다고 했다. 그 후 1년을 엄마와 어떤 만남도 가지지 않았다. 그러던 어느 날 아버지가 울면서 "그래도 엄마가 아니니! 지금 엄마가 치매에 걸린 거 같다. 한번 와서 엄마에게 말해봐라." 하고 사정을 하셨다. 아버지를 안타깝게 생각하고 있던 나는 엄마가 나에게 심한 소리를 한 것을 마음에서 잊어버리기로 마음먹고 엄마의 건강이 걱정되어 "병원에 가서 사진만 찍어보면 된다. 주사는 안 맞는다."라고 엄마를 설득해 아버지와 함께 청주 성모병원에 갔다.

　그곳에서 CT를 찍고 의사 선생님의 소견을 기다리고 있었다. 의사 선생님이 부모님을 보시고 나를 보더니 젊은 사람이 이해가 빠르니 와서 보라면서 영상을 보여주셨다. 그곳에는 이마 중간에 500원 크기의 동그란 양성 종양이 있었다. 빨리 수술 날짜를 잡아야 한다고 했다. 머리 수술과 심장 수술은 위험하니 연세가 있으신 분은 큰 병원에 가서 수술을 해야 한다는 정보를 듣고 서울 아산병원에 예약하고 수술을 했다. 수술한 날 나는 중환자실에서 밤을 지새우면서 엄마의 수술이 잘되기만 생각했다. 저녁 6시까지 수술한다고 했는데 9시가 되어서 수술이 잘됐다는 말을 듣고 의사 선생님께 '감사합니다. 수고하셨습니다.'라고 인사를 하고 회복실에서 엄마가 깨어나려고 하는 순간에 나는 기도했다. '엄마, 더 살아. 더 좋은 삶이 있을 거야.' 하고 기도했다.

　그런데 엄마가 무의식 상태에서 "어! 네가 나를 위해 기도를 하고 있네." 하시는 것이었다. 후에 내가 그날 일을 물어보았지만, 엄마는 기억하지 못한다. 수술 회복 중 엄마는 내가 시댁 갔다 온 사이 변해 있었다. 나를 향해 "네가 날 살렸구나!"라고 말씀하신다. 의사 선생님이 엄마의 케이스가 특이하다면서, 연구하시겠다고 종양을 보관하신다고 하셨다. 엄마의 머리 수술을 계기로 왜 엄마가 일 년 전 나에게 심한 말을 하신 것인지 알게 되었다. 엄마는 표현을 잘하지 못한다. 그런데 화를 내면서 욕으로 마음을 대신해서 표현했다는 것을 알게 되었다. 그것은 나에게 나 좀 '살려줘.' 하는 또 다른 신호라는 것을, 눈에 보이는 표현만 믿던 나는 보이지 않게 내게 온 신호를 무시할 뻔했지만, 다행히 엄마를 생각하는 내 마음은 남아 있어서 엄마를 살릴 수 있었다는 사실에 신님에게 감사하게 되었다. 감사합니다. 이 모든 것을 깨닫게 도와주고 계시는구나. 감사합니다.

이 모든 것은 내가 생각을 했기 때문에 일어난 사실이다. 지금도 나를 아는 분들을 만나면 나보고 부모에게 효도하는 사람이라고 말을 해준다. 그렇다. 나는 부모님을 많이 생각하고 있는 사람이고 어떻게 되었든 하늘에서 주는 생명이 다할 때까지 사시게 하는 것이 나의 삶의 또 다른 목표이다. 그래야 내가 마음을 놓을 수 있다. 그래서 부모님에게 나는 긍정의 말을 하려고 노력하는 중이다. 그리고 지금은 긍정의 말을 하고 있다. 〈한책협〉을 통해 정렬을 하고 있는 중이다. 나는 성장하고 있다. 매일매일 나아지고 있다.

김태광 대표 코치님이 권하는 책, 『허공의 놀라운 비밀』 중에 "내 마음과 생각이 천국이다. 완벽한 이 생각이 천국이다. 생각의 한끗 차이가 인생 창조를 만든다!"라는 말이 있다.

마음 하나 생각 하나가 내가 가는 길을 만든다. 지금 내가 이렇게 사는 것은 그전에 내가 뿌려놓은 씨앗이다. 누구한테 책임을 전가해서도 안 되고 오직 내가 책임을 져야 한다.

부모님에게 무슨 일이 생기면 내가 먼저 나서서 해결하곤 했다. 전생에 부모에게 빚을 많이 진 모양이다. 부모님의 일을 도와주지 않으면 마음이 편하지 않은 걸 보면.

고등학교 시절 법원에서 편지가 주기적으로 날아왔다. 아버지에게 물어보면 "너는 신경 쓸 거 없어. 공부나 해."라고 말씀하시곤 하셨다. 나는 느낌이 안 좋았다. 학교를 졸업하고 직장 생활을 하던 어느 날 아버지가 우시면서 법원에서 편지가 왔는데 우리 땅을 빼앗긴 것 같다는 말을 한다. 그때 당시 나는 건설 회사에 다니고 있었다. "내가 한번 알아볼게." 자신 있게 아버지에게 말하고 회사 상사에게 서류를 보여주었다. 그리고 어디서부터 문제가 있는지 알아냈다. 일단, 기본 서류를 떼어서 시청의 관련 업무과에 제출하고 그래도 안 되면 법원에 문의를 해보라는 말을 들었다. 나는 서류를 들고 다니면서 공동 토지 분할 건에 해당하는 주인들한테 시청에 같이 가서 알아보자 말을 하니 모두가 나를 따라서 시청에 가서 문의했다. 이때 안 사실인데, 사람들을 이곳저곳으로 끌고 다니는 자질이 내게 있었다.

그중 땅 주인이 아니었던 분이 아가씨가 해결을 잘할 것 같다면서 위의 말을 해주었다. 어렵게 서류를 만들어서 아버지에게 보여주니 그제야 아버지는 원인을 알겠다며 이번에도 "너는 빠져 있어."라고 하신다. 그래서 끝까지 처리하지 못하고 나는 쓰러졌었다. 즐거운 마음으로 했다면 그렇게까지 아프지는 않았을 것이다. 그저 이 위험에서 벗어나야 한다는 생각만으로 문제를 해결하고 다녔다. 그 일로 아버지가 나를 대하는 태도가 변했다. 그다음부터는 어떤 일이 생기면 의논을 하신다. 내 의견을 무시하는 일이 줄어들었다. "너는 빠져 있어."라는 말을 안 하시는 것을 보면….

아가씨가 해결을 잘할 것 같다고 하는 말에 나는 '해결을 잘해. 못 할 게 뭐가 있어. 건설 회사도 다니는데 기본이지.' 하는 마음이 있었다. 만약에 그런 마음이 없었으면 서류를 들고 시청이나 도청, 법원을 다니지 못했을 것이다. 긍정의 말 한마디가 나를 거침없이 행동하게끔 만들어주었다. 그리고 나는 무엇이든지 나를 믿고 맡겨주면 할 수 있다는 자신감을 얻었다.

감사하면 보이는 것들

06

감사하지 않는 것으로부터 감사하다

/

주변에 사람들을 만나다 보면 한숨을 쉬면서 신발을 질질 끄는 사람을 만날 때가 있다. 아침에 출근할 때 계단에서 한때는 매일 만났던 동네 아기 엄마를 보았다. "안녕?" 하고 인사를 하고 나는 작가라는 마음으로 가고 있었다. 앞에서 한숨을 쉬고 고개를 숙이면서 천천히 걸어간다. 아직도 그 모습으로 다니고 있다. 나도 한때는 그런 모습이었다고 인정한다. 같은 사람끼리 모였다. 매일 남의 말을 하고 걱정에 걱정을 만들면서 살았다. 나는 그 엄마가 너무 고개를 숙이고 다녀서 마음이라도 밝게 해주려고 했었다. 결과는 대실패. 의존증만 길러주었다. 사실 나도 마음이 편안하지 않은 상태였다.

천리교 신언에 있는 "남을 도와야 내 몸이 도움받는다."라는 말을 실천하려고 노력했다. 그 엄마의 말을 들어주고 고민을 해결해주다가 나는 큰딸의 마음 상태가 편안하지 않은 것을 알고 미술 치료를 받게 하였다. 그리고 그 엄마에게 미술 치료 선생님을 소개해주었다. 나중에 안 사실이지만 그 엄마는 아들로 인해 고민이 많았다. 나는 구체적인 내용은 모른다. 그럴 것이라고 대충 짐작은 하고 있었던 부분이다. 미술 치료를 받으면서 아들이 좋아진 경험을 한 것이다. 그러고 나서 그 엄마는 나를 따라다녔다. 매일 내 일상이 그 엄마 위주로 돌아서 내 시간을 갖을 수 없었다.

미술 선생님이 조언을 해주셨다. 주변을 끊으라 하여, 내가 바로 그 엄마를 만나지 말자 결정을 하고 마음을 먹은 순간 그 엄마를 안 만날 일이 자연스럽게 생겨서 헤어졌다. 내가 생각한 대로 된 것이다. 지금 책을 쓰면서 공부하는 도중 나는 생각 하나 바꾸기를 했다는 사실을 알게 되었다. 남을 도울 생각으로 한 위로의 말들이 나를 살게끔 해주고 인연이 다되어서 안 만나는 일까지 생겼다.

몇 년 전이라면 불가능한 일이 이제는 가능한 일이 되었다. 초인 생활 책 읽어주시는 김도사님 유튜브를 열 번 반복해서 들어보고 '아~, 내가 그때 생각을 바꾸는 것을 했구나.' 하는 사실을 알아챘다. 그리고 그 엄마

감사하면 보이는 것들

는 그런 환경 속에서 자신이 스스로 만들어서 행동했기 때문에 내가 고쳐주려고 하면 안 되는 것이었다. 고쳐주려다 몸과 마음이 아팠다. 자기 인연은 자기가 책임을 져야 한다. 좋은 말을 듣고 실천하지 않으면 아무 소용이 없는 것이다. 그래도 다행히 조금이라도 좋아져서 잘됐다. 말로 긍정의 단어를 못 쓰던 그때는 이 말을 표현하지 못하고 부정의 말로 표현했던 것이다. 그래도 나는 조금씩 좋아지고 있었다. 옆에서 도와주신 분도 계셨다.

나는 영혼이 있다고 믿고 있다. 나는 그분을 만나면 항상 고맙고 내가 더 좋은 쪽으로 바뀌어서 대화해야겠다고 마음먹게 된다. 나도 의존증이 있어서 독립해야 살기 때문이다. 그 시절에 나는 어두운 동굴을 지나고 있었다. 언젠가는 빛을 볼 거라고 하면서 긍정적인 말을 해주시는 분이 내 주변에는 항상 계셨다. 앞으로 나아가라고 응원도 해주신다. 내가 말로 못되게 군 적도 많았다. 하지만 나를 도와주시는 은혜는 잊지 않고 있다. 항상 감사하게 생각하고 있다. 나는 위에 말한 엄마와 같은 모습으로 살아오다 어려운 가운데 생각을 바꾸게 되어서 많은 변화를 겪었다. 싫은 사람을 만나면 바로 거절하던 나는 '이렇게 만나는 것도 인연이 있구나.' 하고 내 상황에서 최선을 다했던 기억이 난다. 앞으로도 그 엄마는 좋아졌으면 좋겠다. 지금은 각자의 삶이 있기에 만남이 드물지만. 잘 살아가면 좋겠다.

〈한책협〉 책 쓰기 과정을 수강하고 있는 중 김도사님을 직접 만날 뻔했다. 그런데 내가 망설임이 있어서 그 만남은 불발이 되었다. 미래에 대한 불안한 마음이 올라왔던 것 같다. 그리고 돈이 필요했다. 나 자신이 당당해질 수 있는 돈 걱정을 한 것이다. 걱정은 걱정을 불러온다고 한다. 우선 생각 멈춤을 하고 내가 책 쓰기 과정까지 들어왔는데 그까짓 것 하다 보면 돈이 생기리라 하는 결론을 내리고부터는 책 쓰는 과정에 재미가 생겼다. 처음 출발은 기우뚱하면서 시작했지만, 지금은 제트 엔진을 단 것처럼 순식간에 책을 쓰고 있다. 생각의 전환이 나에게 앞으로 나아가는 원동력이 됐다. '버티어라. 될 때까지.' 이런 각오로 하다 보면 길이 반드시 생긴다. 두려움에 갇혀서 멈추거나, 뒤로 가지 말자고 마음먹고 선택을 했다. 그러자 모든 것이 정상궤도에 오르면서 시원하게 가고 있는 것이다.

내가 어려운 가운데 출판 계약까지 했다. 이러한 일이 가능한 것이었다. 나는 글을 쓰고 싶고 나를 사람들에게 알리고 싶은 마음이 있었던 것이다. 숨어 있는 내 감정을 알고 나서 그래서 내가 안 되는 가운데 책 쓰기를 성공한 것이다. 정말, 이 과정은 '나는 안 되는 사람이야.'라고 하면서 이루어낸 것이다. 감사하다. 혼자서는 할 수 없었지만 멀리서 지원을 해주신 〈한책협〉 대표 코치님과 〈인생라떼〉 권마담님 그리고 여러 코치님들께 감사를 전한다.

감사하면 보이는 것들

책 쓰기에 깡통 같은 사람을 하나에서부터 열까지 알려주시는 것을 보고 '와! 대단하다.'라고 생각한다. 각자 각자 성격들이 다를 텐데, 어떻게 저 일을 잘하시는지 감탄하는 날의 연속이다. 그래서 김도사님이라고 한다고 들었다. 책 쓰기에서는 누구도 따라올 자가 없다고 한다. 도사님처럼 한 사람 한 사람에 딱 맞게 책 제목과 목차를 잡아주신다. 자기소개서에서 그것을 뽑는다는 말을 듣고 '헉!' 하고 놀라고 감탄한다. 글로 된 것의 감정까지 읽으신 듯 보인다. 보통의 평범한 분은 아닌 듯하다

나도 어서 김도사님을 만나보고 싶다. 동기들이 쓴 후기를 보면서 '어, 나는 그것을 안 했는데 저렇게 하는 거였어.' 하고 보게 된다. 카페 활동을 하고 난 뒤 알게 된 사실이지만 왜 그렇게 문자를 주시는지도 이해했다. 나는 처음에 문자를 보고 답을 못 했다. 이분뿐만 아니라 누구의 문자에도 답을 잘 보내지 못했다. 그래서 나를 아는 사람들은 전화를 사용한다. 말로 전달했던 것이다. 문자를 안 보고 받아도 답장을 주지 않는 이유는 글자를 치기가 무서웠기 때문이다. 나는 나 자신을 한정적인 존재로 여기고 있었던 것이다. '나는 글자를 못 써. 나는 말을 잘할 수 없어.'라고…. 하지만 나는 글을 잘 쓰고 말을 잘하는 편이다. 말 많다고 사람들이 말한다. 말이 많아서 줄여야 한다고 충고도 해준다. 글쓰기는 이제야 배우는 것이어서 천천히 좋아지리라 생각된다.

문장을 보고 바로바로 답하는 연습도 책 쓰기 과정에서 도와주신다. 정말 섬세하다. 도와주신다고 한 것이 바로 이것이었구나!

지금 생각하니 감사하다. 그 순간 나는 『초인생활』을 강의하신 부분이 생각났다. 누가 만들어준 것이 아닌 내가 생각을 한 것이다. 그래서 생각을 긍정적으로 바꾸면 모든 것이 이루어진다는 걸 알게 되었다. 나는 내 생각의 틀에 들어가 있는걸 또 알게 된다. 자, 이제는 틀을 깬다고 하는 마음으로 생활을 한다. 의식 성장이 이루어지고 있다. 아프지도 않다. 걱정할 일도 아니다. 안 가본 길이지만 앞장서 가는 대표님이 있으니 따라간다. 할 수 있다. 나는 긍정적 마인드를 나 자신에게 장착한다.

감사하면 보이는 것들

07

살아 있다는 것만으로도 감사하다

/

어느 날 전혀 생각지도 못한 방법으로 충격적인 일이 생겼다. 나는 평소에 아이들이 말썽을 안 부리고 크면 잘 크고 있다고 생각했다. 잘 먹고 잘 자고 기본만 하면 된다고 생각했다. 그리고 공부를 잘해서 출세하면 좋다고 생각하며 살았다. 그것이 오판인 걸 알게 되었다. 나는 부모세대에게서 물려받은 방법으로 아이들을 기르고 있었다. 내가 바뀌지 않았는데 어떻게 아이들이 좋아지겠는가 하는 깨달음을 주는 계기가 있었다.

아이와 나는 생각이 많이 차이가 났다. 나는 내 생각이 옳다고 말하는 사람이었고 아이는 자기 생각을 나름 펼쳤다. 아이들과 어떻게 하면 대화를 잘할 수 있을까 하고 생각했다. 부모 교육도 받았지만, 막상 내가 현실에서 만났을 때는 적용하기 쉽지 않았다. 어디서부터 꼬인 걸까?

큰딸이 고등학교 때 아이가 친구들과 말을 하기 전 '내가 이렇게 말하면 너는 저렇게 대답을 할 거야.' 하고 생각을 했던 것 같다. 미리 내 머릿속에서 질문과 답을 주고받거나, 또는 저 아이는 저럴 거야 하고 판단하여 친구들과 대화를 했던 것 같다. 그러다 보니 상대는 생각도 않고 딸아이의 생각 속에서 어떤 인물이 만들어지는 것을 경험하니, 대화가 되지를 않았던 것 같다. 상대를 생각하지 않는 대화를 하니 말이 통하지 않았던 경험을 했던 것 같다. 넘겨짚기를 잘해서 친구들과 사귀는 걸 어려워했다. 아이의 문제가 아니라 내 문제라는 건 인정한다. 나는 사실 넘겨짚기를 잘했다. 나도 대화를 잘하지 못했다. "상대는 나의 거울이다."라는 말이 있다. 나는 딸을 통해 내 모습을 볼 수 있다.

나는 딸 부자이다. 딸만 3명 그렇게 부르기로 했다. 우리 딸들은 아기였을 때부터 효녀들이었다. 주면 주는 대로 잘 따라주었기 때문에 어떤 문제도 없다고 생각했다. 그중 큰딸에게 기대를 걸었었다. 내가 못 했던 것을 딸이 이루어줄 것으로 생각했다. 아마도 내 말 속 기대하는 말이 딸에게는 큰 부담이었을 것이다.

큰딸이 중3이 되면서 내 생각이 무너지는 일들이 일어났다. 친구들과 사이가 원만하지 못해서 그것을 아빠에게 먼저 의논을 했다. 그렇게 하고도 고민이 해결이 안 되어서 나에게도 물어보는 것이었다. 딸과 대화를 나누면서 문제가 해결되었다고 생각하고 있었다. 고등학교 1학년 학기 초 아이가 학교에 가기 싫다고 아침부터 울기 시작했다. 나는 순간 당황했다. 어떻게 해야 할지 몰라 아이를 달래보고 말을 들어보아도 내 생각에는 심각해 보이지 않았다. 그런데 딸은 계속해서 "학교에 가기 싫다. 그만두고 싶다. 죽고 싶다."라는 말을 했다. 일단 아이를 진정시키고 담임선생님께 전화해서 사정을 말하고 도와 달라고 부탁을 드렸다. 그 과정 중에 딸과 말로 수많은 부딪침이 있었으며 화를 내기도 했다. 한 달이 지나서 담임과 상담을 했을 때 아이가 넘겨짚으면서 말을 하는 경우가 있다고 말씀해주셨다. 그 말을 듣고 나도 인정한다고 선생님께 답을 드렸다. 나는 인정부터 해야 해결이 된다고 생각하는 주의다. 그래야만 어떤 말도 들을 수 있기 때문이다. 그리고 차차 생각해보니 원인은 나였다. 내가 말을 할 때 상대는 아무 생각이 없는데 '너 그렇게 할 거지?' 하고 먼저 단정을 하고 말을 하는 습관이 있었다. 그걸 아이를 통해서 보게 되었다. 나는 그것을 보고 깨달아야 한다고 배웠다. 보이는 것들이 이와 같은 모습이었는데 깨닫지 못하고 아이를 통해서 두 배는 강하게 나에게 다가온 것이었다. "나에게도 이러한 일이 생겼어."라고 생각하면서 내 마음을 바꿀 기회가 왔음에 감사하게 생각하게 되었다. 마음을 그렇게 먹고 있는 중 명상을 알게 되었다 그때 딱 한마디가 내 귀에 들어왔다. 아이가 살아 있는 일만 해도 고마운데 무엇을 바라느냐고 하는 한마디 말이 혹치고 들어온다. 순간 나는 '감사합니다'를 하며 고개를 숙였다. 문득 1994년 몹시 더운 여름날이 생각이 났다. 더위를 타지 않는 나조차도 덥다고 투덜거릴 정도로 몹시 더웠다. 벽에 손을 대면 '앗, 뜨거워!' 하는 소리가 저절로 났다. 나에게 외할머니가 계신다. 어릴 적에는 무서운 할머니여서 말도 못 하고 눈치만 보곤 했다. 커가면서 무서워하지는 않았다.

엄마에 대한 불만이 많은 시절, 마침 할머니가 시골에서 나와서 우리 집 근처로 이사를 했었다. 그래서 시간이 나면 자주 놀러 갔었다, 그때 할머니 연세가 90세였다. 어느 날 할머니 집에 놀러 가 엄마가 왜 나에게 말을 그렇게 하는지 모르겠다고 생각 없이 불평불만의 말을 했다. 할머니에게 자신의 딸인 엄마를 향해 불평불만을 쏟아놓은 것이다. 그러자 할머니가 "너 엄마에게 잘해줘. 나 엄마가 보고 싶어." 하시며 우셨다. 순간 말문이 막혔다. 나는 엄마가 보고 싶어도 볼 수 없다고 하시며 할머니의 엄마는 할머니가 어릴 적 돌아가셔서 기억에 없다고 말씀하셨다. "그럼 할머니는 누가 기르셨어요?" 하니까 나한테 할머니가 계신데 열다섯 살 나이로 시집가기 전까지 그 할머니가 기르셨다고 말씀하셨다.

당신 자신은 "자식을 열둘을 낳았는데 다 죽었어. 4명만 살았어."라고 말해주었다. 옛날에는 자식을 많이 낳고 반만 산다는 말이 있었다. 병원과 약이 없었기 때문이다. 그러면서 가슴을 두드리시는 것이었다. 내 가

감사하면 보이는 것들

슴이 뜨끈해진다. 나는 할머니께 작은 위로를 드렸던 기억이 난다. 그러자 할머니는 나를 보고 뉘 집 자손이냐며 똑똑하다고 칭찬까지 하셨다. 할머니의 하소연을 들어드렸더니 숨겨놓은 배와 사과를 주시면서 너에게 특별히 주신다는 말을 하면서 깎아주셨다.

더우니 옥상으로 가자고 하신다. 옥상에 고추 농사한 것을 같이 보자고 하셨다. 옥상에 올라가니 고추들이 축 늘어져 말라가고 있었다. 할머니가 민망해하시며 평상 마루 위에 앉으셨다. 그때 나는 시력이 많이 안 좋아 두꺼운 안경을 쓰고 있었다. 그날 너무 더워서 안경을 평 마루에 내려놓고 있었다. 그런데 안경 위에 앉아서 내 안경이 깨졌다. 할머니는 내 눈치를 보셨다. 순간 나는 내가 좋아지려고 했는지 "할머니, 괜찮아. 이 안경 다시 하려고 했어. 깨져도 괜찮아."라고 했다. 평소에 화도 잘 냈는데 화가 나지 않았다. 그러자 할머니는 나를 보시면서 친손녀들과 다른 행동을 하는 것을 보고 당신 자신의 속에 있는 말을 하신다. "아껴 써라. 그래야 잘산다. 나도 배우고 싶다."라고 말씀하시는 순간 할머니에게 "지금도 배울 수 있어."라고 말했다. 우리 할머니는 손재주가 많으신 분이셨다. 외숙모님이 할머니는 샘도 많고 손재주도 좋은 분이라고 말해주었다.

안경이 깨진 날로부터 나는 눈이 맑아지기 시작해서 안경을 맞추러 안

경점에 갈 필요가 없었다. 안경 없으면 안 되는 줄 알았다. 그러나 내 삶이 변한 것이다. 나는 시력도 좋아질 수 있다고 믿고 있었다. 그리고 안경 없이도 살 수 있는 날이 온 것이다. 그날이 생각이 나면서 살아 있는 것만 해도 감사하다는 말이 진정으로 생각되어서 딸이 외출할 때마다 '살아줘서 고맙다. 살아 있어서 고맙다.'라고 말하는 것을 연습했다. 신기한 일이 일어났다. 딸이 말대꾸가 점점 줄어들고 자신의 속의 말을 나에게 하면서 의논을 하자고 한다. 그전에 내가 말을 하면 말대꾸를 잘했는데 이제는 내 말을 들어주고 있다. 지금도 딸아이가 힘들어하면 '살아 있어 고맙다. 고맙다.'라는 말을 해주고 있다.

〈인생라떼〉에서 배운 대로 아이가 놀고 싶으면 놀게끔 대화를 할 때 한 아이씩 하나씩 대화를 시도한다. 바쁘더라도 눈을 한 번쯤 맞추어준다.

한 아이에게 맞추어서 대화를 확실하게 하는 것을 배워서 실천하고 있다. 좀 어설퍼도 시작을 하고 보니 딸들이 나를 도와준다. 내가 집안일을 못 하고 있으면 도와준다. 작은 것 부탁을 해도 곧잘 도와주고 있다. 예전엔 생각할 수도 없는 일들이 지금 우리 집에 일어나고 있다. 살아 있어 줘서 고맙다. 숨 쉬는 자체로도 감사하다. 할머니를 통해 자식이 살아 있음에 감사를 더 느낄 수 있었다. 나는 혼자 있을 때면 외할머니가 생각난다. 배우고 싶다고 하시던 할머니, 한글을 몰라 버스를 못 탔던 할머니.

감사하면 보이는 것들

그래. 사람은 배워야 해. 내 마음속 울림이 일어난다. 그리고 만나는 사람마다 '배워야 합니다. 모르면 답답해요.'라고 배움의 중요성을 강조하곤 한다.

딸아이에게 과하게 기대한 것을 반성하며 내가 원하는 것이 아닌 딸이 원하는 삶을 살아가기를 원한다. 딸 살아 있어줘서 고맙다.

08

책을 읽을 시간이 있는 것도 감사하다

/

책은 나의 친구였다. 공상의 세계로 안내를 한다. 위인들의 삶을 내 것으로 생각하기도 했다. 피라미드 미스터리, 버뮤다 삼각지대, UFO 만화, 무협지, 명작동화, 기타 등등.

예전에 방송대학 공부를 하고 있을 때 서울 대림동 학습관에 나는 BMW를 타고 간다. '버스 메트로 워크'의 약자이다. 출석 수업을 하러 갈 때 전철을 타고 가면서 나는 시험공부를 전철 안에서 했다. 송탄에서 서울까지 1시간 30분이 걸린다. 흔들리는 장소에서 책을 보는 것인데 집중도 잘됐다. 그런 날은 시험을 잘 보기도 했다. 아무것도 안 하고 가는 날

보다 나만의 책 보는 장소인 시끄럽거나 조용하거나 하는 전철 안에서 뭔가를 읽으며 가는 날이 많다. 그래서 나는 항상 작은 소책자를 가지고 다닌다. 그것이 안 되면 스마트폰 교보 앱을 깔아서라도 전자책을 본다. 항상 글을 읽고 있다. 도구는 다르지만 웹소설도 본다. 한 편에 100원, 전편을 다 보면 일반 책 가격과 비슷하다. 하지만 이벤트를 하면 반값에 보기도 한다. 틈이 나는 대로 본다. 온종일 본적도 있다. 그러면서 독서하면서 돈 버는 방법은 없을까 하는 생각도 한 적이 있다. 독서를 해서 돈도 벌고 상도 받고 했으면 좋겠다. 혼자 상상의 날개를 펼치면서 머쓱해져서 웃곤 했다. 아무도 모르지만.

하루는 남편과 시어머님과 함께 병원에 정기검진을 받으러 갔다. 시어머니는 내가 두꺼운 책을 꺼내서 읽는 것을 보시고는 무거운데 집에 놓고 다니지 왜 가지고 다니느냐고 말씀을 하셨다. 나는 "재미있어요."라고 대답했다. 옆에 있던 남편이 "엄마, 내버려 둬. 무거운 것 들고 다니는 것도 팔자야." 하는 것이다. 응원해준 것으로 생각하기로 했다.

이렇게 시간이 생기는 대로 읽던 책을 내가 다이소에서 일하고부터는 한 권도 볼 수가 없었다. 도서관에서 읽고 싶은 책 잔뜩 빌려다 놓고 날짜가 임박하면 안 읽고 돌려주곤 했다.

이렇게 5개월 동안 책 안 읽는 생활을 하던 중에 직장에서 일을 못 한다는 소리도 듣고 나는 어떻게 하지 하고 마음을 풀어놓고 있었다. 그러다 〈김도사TV〉 유튜브를 보고 〈한책협〉 카페 가입을 했다. 가입한 사실도 잊고 있던 어느 날 '일일특강 들으세요.'라고 하는 주이슬 코치님 권유에 신청해서 들었다. 성공해서 책을 쓰는 게 아니고 책을 써야 성공한다는 글귀가 가슴을 훅치고 들어오는데 가슴이 떨렸었다. 무슨 일인지 모르지만 좋은 일이 있어 하고 책 쓰기 강좌까지 들었다. 5개월 여 모아놓은 돈을 다 투자했다. 나를 위한 투자가 시작되었다.

부모님 눈치 보며 취미 생활 한 번 제대로 해보지 못한 것을 이번에는 누구에게도 말하지 않고 몰래 시작했다. 이곳에서 책 읽는 법을 김도사님이 알려주시는데 "카~~" 그동안 내가 책 읽는 방법의 잘못된 점을 날카롭게 지적하시는 것이었다. "속독법 개나 주라 그래."라는 말에서부터 "책은 받은 날 그날 바로 보고 20% 목차, 책 겉표지, 뒷표지, 책 안, 책 등, 처음부터 읽을 생각은 하지 말라."는 말에 혼돈이 왔다. 그리고 "책을 깨끗하게 보는 것은 모시는 것이지 보는 것도 아니다. 책을 사야지 도서관에서 몰래 숨어서 보는 그런 사람이 있다." 그 영상을 보고 혼자 키득거렸다. 바로 나였다. 아무렇지 않게 말을 하고 계시지만 책 쓰기 노하우가 흠뻑 들어간 진국이었다. 책을 볼 때 낙서와 밑줄을 그으면서 보라는 말도 해주었다. 새로운 책과의 대화 흥미진진하다.

감사하면 보이는 것들

작가의 관점에서 책을 보는 습관을 들이는 것이란 말에 '아, 나는 이제 작가가 되는구나.' 하는 생각, 그래서 '5개월 여 동안 책을 읽을 수 없었구나. 내 운명이 바뀌려고 했구나!' 하는 느낌이 강하게 왔다. 내가 허공에 소원을 말했는데 대답이 온 것이다. 온 우주에서 나를 도와주는 느낌이 든다.

유튜브 댓글에 나는 이런 글을 남겼다. "실제로도 마음이 그렇다는 걸 인정한다. 내 마음과 생각이 천국이다. 완벽한 이 생각이 천국이다. 생각의 한끗 차이가 인생 창조를 만든다! 귀한 영상 감사드립니다. 오늘도 〈한책협〉 김도사님으로 인해 인생을 재창조합니다. 우리의 현실은 홀로그램이다. 우리의 생각이 진짜다. 내면이 인생을 창조한다. 인생을 바꾸는 귀한 영상 진심으로 감사드린다. 김도사님의 영상으로 작가로 인생을 바꾸었다."

책 쓰기 과정을 하면서 책 읽는 방법의 변화로 전환이 되었다. 내 주변에 책 읽는 사람에게 물어보았다. 요즘도 책을 읽는지? 그 사람도 책을 좋아하지만, 책 안 읽은 지 5년 여 됐다고 한다. 왜 그런가 하고 이유를 물으니 책을 사놓고 읽지를 않아서 돈이 아까운 마음에 책을 못 읽는 것이라고 한다. 맞다. 나도 책을 사서 읽는 것이 아닌 도서관에서 몰래 숨어서 보는 사람이었지, 돈이 아까운 것이었구나. 그 사람을 통해서 배웠다. 책 사는 데 하는 투자를 아까워하면 안 된다. 아까움과 동시에 책 읽는 기회를 놓치게 된 것이다. 아, 오늘도 난 배운다.

　내가 우주에 보낸 소원 중에 필사가 있다. 블로그에 글을 올리고 싶은데 어떻게 하는지 몰랐다. 타인의 블로그를 보니 필사하면 글쓰기 실력이 좋아진다고 했다. 그래서 한번 따라 해보았다. 영혼이 없는 따라 함이 있었는지 한번 해보고 말았다. 그러던 중 책 쓰기 과정에서 김도사님이 지은 『100억 부자 생각의 비밀 필사노트』를 매일 써보게 되었다. 나의 장점은 100일 작정을 잘한다는 것이다. 무엇이 되었든 끝까지 가본다. 정말 신기한 경험을 했다. 나는 부정적인 말을 잘해서 주위 사람과 대화에 어려움을 느끼고 있었다. 마음은 안 그런데 왜 그런지 알 수가 없었다. 그런데 긍정의 단어가 많은 이 책을 필사하고 나서부터는 긍정의 단어들이 내 입에서 나온다. 그리고 마음이 편안하다. 이렇게 감사할 수가…. 〈한책협〉 시스템에 감사하다. 그 길을 따라가면 내가 우주에 보낸 소원들을 해결하게 된다. 내가 정화된 느낌이다.

　내가 〈한책협〉을 알기 전에 내 주변 사람 중에 나에게 책을 써보라고 권했던 분이 계신다. 내가 무슨 재주로 책을 쓰나 생각을 했다. 그런데 그 어르신이 말씀하시길 쓰다 보니 당신 자신도 몇 권의 책을 냈다고 했다. 그분에서부터 친한 언니까지 내가 내 인생을 글로 쓰라면 몇 권인데 하고 말하는 사람이 있었다. 그래서 "언니가 책을 쓰면 잘할 거야. 글도 잘 쓰니까." 하고 칭찬을 했던 기억이 난다. 책 쓰는 사람은 인생이 파란 만장해야 쓸 수 있다는 쓸데없는 생각도 했다. 평범한 사람이 어떻게 책을 쓰나 하는 생각이 강했다. 그러던 중 글쓰기에 재미를 붙이면서 전문 가에게 배우면 나도 할 수 있을 것이라는 근거 없는 자신감을 가지게 되었다. 때가 되면 할 수 있겠지, 시간이 안 되어서 못하는 것이다. 누가 시키지도 않았다. 생각만 했다. 다른 세상에 사는 사람이었을까? 누구에게도 말을 할 수 없는 비밀이 되었다. 혼자 간직을 했는데 어떻게 우주는 그것을 안 걸까? 정말 재미있는 세상이다. 생각 하나 잘하고 살면 부자도 되겠다는 배짱도 생긴다.

최근 우주에다 '나는 신이다.'라는 말을 했다. 그리고 일하고 있다가 대화 도중 "나는 신이다." 하고 소리 내어 말을 했다. 그랬더니 대화하던 상대가 따라 하면서 미소를 짓는 것이었다. 정말 신기하다. '나는 신이다.'라는 말은 여러 사람을 구한다. 김도사님은 훌륭한 분이시다. 이 사실을 널리 알려야겠다. 마이너에서도 '탑 오브 탑'으로 알고 있는데 메이저에서는 어떤 결과가 나올지 기대가 된다.

몇 달 전에 풍수에 관해 이야기하는 유튜브를 보게 되었다. 나는 좋은 것은 기꺼이 받아들인다. 안 좋은 건 해결하려고 한다. 풍수에 나오기를

2장_그럼에도 불구하고 감사합니다

황금색을 집 안에 장식하면 좋다고 한다. 그래서 황금색을 찾아보았지만 보이지 않았다. 하나 있어야 하는데 생각을 갖고 있었다.

그리고 『기적의 수업』 책을 샀다. 오! 황금색의 책! 와우! 드디어 황금색이 나에게 왔다. 기분이 좋아서 한 시간 만에 책을 읽었다. 이 책은 필사 책이다. 필사도 천천히 해야겠다.

어찌 이런 일이 생각하는 대로 되는 세상에 살고 있다. 감사한 일이다. 한 일이 있다는 것도 감사한 일이다. 책을 읽어서 이 과정까지 온 나에게도 감사하다. 나는 나의 느낌을 믿고 앞으로 나아갈 생각이다. 비행기는 날아야만 한다.

혼자서 어찌해 볼까 고민하는 것보다 더 좋다. 나는 이제야 내 옷을 찾아 입은 듯하다. 남의 생각에 따라 끌려다니는 사람이 아니라 내가 느끼는 대로 사는 사람. 여기서 자유를 느낀다. 누구의 간섭도 받지 않으니 더욱 좋다. 그리고 책을 읽을 시간이 돌아오는 것에 감사하다. 원래의 나를 찾았다.

감사는
결국 훈련이고 습관이다

여기서 내가 뭘 배울 수 있을까 생각하라

/

내 장점 가운데 하나는 실패한 가운데에서 한 개는 꼭 배워 나온다는 것이다. 살아오면서 이거저것 하다가 실패한 일이 수없이 많은데 그럴 때마다 나를 응원해주는 동창생이 있었다. 그 친구가 해준 말 중에 "너는 실패하는 가운데 한 가지는 꼭 배워서 가지고 나와 부럽다. 어떻게 그렇게 할 수 있지?" 하고 나에게 말해준 적이 있다.

어릴 때 하고 싶은 것은 망설이지 말고 다 해보라는 말이 있었다. 나는 이 말은 믿었던 것 같다. 내 수준에서 배울 수 있는 모든 것을 다 해보기 시작했다. 그중 한 개는 YWCA에서 하는 전통 택견이 있었다. 몸을 움직이는 것을 싫어하던 나는 친구의 권유로 하게 되었다.

무슨 인연인지? 택견을 가르치는 사범을 좋아하게 되었다. 아마도 열심히 가르치는 모습에 반했던 것 같다. 나에게는 누구를 좋아하는 감정이 부족하다고 생각하고 있었다. 내 행동을 나도 모르는 일이었다. 나는 적극적으로 "내가 당신을 좋아하는 것 같다. 나 어떠냐." 하고 말해보았다. 그 사범은 돌려서 거절의 말을 했다. 일명 차였다. 아! 가슴이 얼마나 아프든지 그래도 한번 들어온 이 감정은 스위치 불을 끄듯 나갈 생각을 못 하고 있었다. 고민을 많이 했고 심지어 울기까지 했다. 집에서 마음을 못 다스리고 힘들어하고 있을 때 아버지가 나에게 무슨 일이 있는지 물어보셨다. 그때 내 속에 있는 말을 하고 그 사람에게 내가 좋아한다고 말을 전해주면 좋겠다고 울면서 말했다. 내 감정을 다스리기 힘들어하고 있을 때이다.

이 말을 듣고 아버지는 네가 생각이 그렇다고 하면 알아보겠다고 말씀하셨다. 시간이 모든 것을 해결해준다고 하더니 나는 그길로 그 아픔이 조금씩 없어지고 있었다. 어느 날 동생이 와서 그 사범한테 갔다 왔다고 했다. "우리 누나 어떻게 생각하느냐?" 단도직입적으로 물어보았는데 그 사범의 답이 "아무 일도 없었다."라고 답을 했다는 것이다. 누나가 차였다는 걸 동생이 알고 나서는 나를 능력도 없고 불쌍한 사람으로 생각을 했다. 위로를 해주었다. "남자는 많아. 다시 알아보면 돼. 그리고 능력 좀 기르고."라고 말했다. 처음은 창피했다. 한편으로는 그렇게 마무리된 것이 잘된 것으로 생각했다. 이 일을 어느 정도 잊고 있을 때 아버지가 술 한잔하시고 들어오셔서는 딸의 인생이 실패했다고 친척분들에게 말을 했다는 것이다. 아! 동네방네 소문이 다 났네! 실패한 인생!

이 사건을 잊고 있던 어느 날, 동생을 다시 만나서 대화를 나눌 기회가 있었다. "누나, 내가 아버지의 심부름으로 그 사람을 만나서 말을 듣고 온 것 기억나?" 하는 것이었다. 잊고 있던 창피함이 몰려왔다. 그리고 동생이 나에게 마음을 써주었구나 하고 생각하게 되어 "네가 나를 도와주었구나! 고마워." 하고 말했다. 동생은 나에게서 매일 부정적인 말을 듣고 같이 자랐는데 내 입에서 고맙다고 하는 말이 나오니까 그때부터 존댓말을 쓰기 시작했다.

반복해서 그때 사건을 말해주는 걸 보고 나는 고마운 것도 있었지만, 아! 내가 생각을 하는 것만으로도 이러한 사건이 생긴다는 것을 생각하고 잘해야겠다고 결심했다. 창피한 일이 나에게는 배울 기회로 되돌아왔다.

〈한책협〉에서 권하는『허공의 놀라운 비밀』을 읽다가 놀라운 사실을 알게 되었다. 20대 당시 나는 허공에다 내 생각을 보냈다. '내가 당신을

3장_감사는 결국 훈련이고 습관이다

좋아하는군요. 이 마음을 어떻게 챙길까?' 하고 계속해서 생각했다. '누구를 좋아하는 감정은 이렇게 해서 생기는구나.' 도저히 그 생각의 깊이에서 빠져나오기 힘들었다. 나는 나오고 싶었는데 '아, 생각을 거듭한 결과가 이것이구나!' 하는 것을 이제야 알게 된다. 창피만 중요한 것이 아니다. 나는 '이게 아닌데….'라고 하면서도 끌려간 기억이 선명하게 남아 있다. 이 문제를 『허공의 놀라운 비밀』에서 알게 된 것이다. 내가 왜 그렇게 생각이 대책 없이 끌려다녔는지를 알게 되다니! 정말 신기한 일이다. 매일매일 좋아지고 있는 나는 오래된 생각을 꺼내어 청소한다. 내가 뿌리고 내가 가꾼 생각.

"너는 실패하는 가운데 한 가지는 꼭 배워서 가지고 나와 부럽다. 어떻게 그렇게 할 수 있지?" 하고 말한 친구는 지금 만나기 어렵다. 그런데 이 친구가 나에게 해준 말이 더 있다.

공유토지 문제로 힘들어하고 있을 때 "이렇게 한번 해봐, 저렇게 한번 해봐." 하고 코치를 해줬다. 나는 그대로 따라 했다. 내 영혼이 믿고 따라 해도 된다고 신호를 보내고 있었다. 느낌이 좋았다. 땅 문제가 어느 정도 해결이 되었다. 그리고 "너 이대로 있으면 안 되겠다. 아버지가 목숨을 내려놓으려고 한다. 저승사자가 문 앞에서 왔다 갔다 한다."는 것이다. 그래서 나는 깜짝 놀라서 그때부터 아버지가 생각하는 '죽고 싶다.'를 해결하러 다녔다. 조상에게 제사를 지내고 집안의 조상 중 증조할아버지가 생이 짧았다는 것을 알아냈다. 천리교에서는 부모가 가는 길을 자식이 따라간다고 말한다. 아버지는 할아버지 때부터 뿌려놓은 씨앗으로 그 길을 가고 있었던 것이다. 나만 살아가고 있는 게 아니고 육신은 없지만, 영혼도 같이 산다는 사실을 알 수 있었다. 아버지의 삶을 조금 알고 나서 그것을 신앙의 힘으로 해결했다. 감사한 일이 되었다.

그 친구를 통해 알게 된 또 다른 사실이 있다, 나에게 남동생 2명이 있다. 둘 다 공부를 잘한다. "너는 동생들을 잘 두었다." 부럽다고 하면서 큰동생도 좋지만, 작은동생이 더 훌륭하다는 것이다. 이 점 때문에 나는 아버지가 권하는 대로 일반고를 안 가고 상업고를 선택한 것이다. 훌륭한 동생이 더 잘 크려면 아버지의 힘이 필요했기 때문이다. 내가 좀 양보를 해야지 하고 선택한 것이다. 그리고 내 생각대로 아버지와 동생 두 사람은 본인들이 원하는 일을 할 수 있었다. 둘 다 무사해서 나는 감사하다.

마지막으로 내가 한탄을 하면서 "나는 지금이 이렇게 살지만 앞으로 잘 살 거야."라고 말을 하니 "너는 네가 생각한 것보다 더 잘살아. 어떻게 그렇게 했니? 부럽다."라고 말하는 것이다. "너 잘살면 나 잊지 말아라." 하는 것이었다. "응. 내가 너한테 고마운 게 많은데 어떻게 잊겠니?" 하고 대답을 했다. 나는 성공하면 은혜를 받은 사람은 물론 여러 사람을 도와주고 싶다. 마음의 고통에서 벗어난 나 자신이 대견스럽기도 하고 신의 뜻이 있어 이 길까지 온 거라는 사실을 깨닫게 된다.

몇 해 전 나는 경단녀였다. 다시 일을 시작하려니 막막했다. 그래도 독서를 계속하고 있었다. 희망은 있다고 생각하고 살았다. 그리고 허공에다 독서를 하면서 돈을 버는 방법이 없을까 하고 혼잣말한 적이 있다. 그러면서 느낌이 좋아 웃었다. 그리고 이 사실을 잊어버린 어느 날 천리교 선생님이 내가 책 읽는 것을 좋아하는 걸 알고 책 쓰기를 하면 좋겠다고 권하셨다. 나는 "때가 되면 할게요. 지금은 책을 읽겠습니다."라고 대답했다.

나는 책 쓰기까지는 생각을 못 하고 있었기 때문이다. 그런데 무엇에 홀린 것인지 〈한책협〉 카페에 회원 등록을 하고 책 쓰기 과정까지 일사천리로 진행하고 있는 나 자신을 발견한다. 쉽게 약간의 버퍼링은 있었지만. 재미있게 책을 쓰고 있다. 온 우주가 나를 도와주고 있다. 책 쓰기를 권한 분만이 나를 응원해주고 유일하게 알고 계신다. 그분의 마음 지원을 받아 나는 행복하게 글을 쓴다.

여기서 나는 좋은 느낌으로 생각했던 일들이 현실로 이루어지는 경험을 하고 있다. 생각하는 것을 조심하기도 했지만 느낌을 따라가 서면 내가 하고 싶은 일을 찾을 것이라는 확신이 선다. 그러려고 내가 그동안 알 수 없는 마음의 고생을 했다는 생각이 든다. 누구에게도 말하지 못하는 고민을 하며, 말해도 미쳤다 소리를 들을 수밖에 없는 현실에서 혼자 원인을 알 수 없어 땅굴을 파고 들어가 있었다. 이제는 밖으로 나와야겠다. 태양이 나를 향해 비추고 있다. 동굴에서 밖을 보니 태양이 쏟아져 들어온다. 안에만 있지 말고 밖으로 나가봐. 그럼 새로운 세계가 열릴 것이라는 신호를 보내준다. 미국의 어떤 동기부여가가 "세이프 존에서 나와라. 거기는 안전한 장소가 아니다."라고 말했다. 이제 그 말뜻을 실감하고 있다. 나는 내가 있는 자리가 최선이라는 생각을 하고 있지만, 아니다. 여기서 나가 다른 세계로 들어가려 한다. 신분 상승이 나에게 답이다. 두려움이 없다면 거짓이다. 하지만 내가 지나온 길도 두려움의 연속이었다. 그리고 나는 긍정적인 선택을 잘했다. 앞으로도 더 긍정적인 선택을 할 것이다.

　모든 면에서 좋아지고 있는 현실, 실패했어도 그곳에서도 나에게 알려주는 교훈을 나는 마음속에 새기며 여기서 내가 뭘 배울 수 있을까 하고 생각하게 된다.

02

이루어질 꿈에 대해 미리 감사하라

/

'의식 성장'이라는 말이 있다. 〈한책협〉에서 권하는 남경홍 작가님의 『허공의 놀라운 비밀』에 "감사하고 기도하라. 우주의식을 깨울 수 있도록", "기도는 창조주의 힘을 나에게 끌어오는 행위이다. 특히 감사기도를 성심성의껏 하라."라고 말하는 부분이 나온다.

나는 30평대의 집이 필요하다. 왜냐하면, 아침마다 출근이나 통학이 겹치면 화장실 쟁탈전을 할 정도이기 때문이다. 누가 먼저 선점하냐에 따라 빨리 가거나 늦게 간다. 그래서 기도를 한다. '신님, 방 4개, 화장실 2개, 내 방 한 개 가지고 싶습니다. 감사합니다.' 하고 기도를 하고 있다.

우주의 넓은 밭에 집이라는 소원의 씨앗을 뿌렸다. 기도하는 방법이 정말 마음에 들어서 따라 해보았다. 〈한책협〉 출신이라면 기도하는 법을 알고 있을 것이다. 그리고 나는 꿈으로 답을 받았다. 믿고 기다린다. 감사함을 아는 사람에게 상을 안 줄 수 없기 때문이다. 감사함을 아는 사람은 하늘에서 도와주신다. 감사 연습을 하고 살면서 나의 삶은 매일매일 좋아지기 시작했다. 부정적인 말을 하고 살던 사람이 〈한책협〉을 만나서 긍정적으로 변하기 시작했다. 〈한책협〉 시스템에 나는 깜짝 놀라곤 한다. 이런 시스템이 특허를 내고 하는 것이 감사하다. 사람의 의식 성장을 책을 쓰면서 도와주는 곳은 없다. 나는 책을 쓰기 위해 여기저기 다닌 적은 없다. 영혼이 이끄는 대로 따라 왔을 뿐이다. 그리고 〈한책협〉을 만난 걸 감사한다.

나는 성공을 원한다. 나는 부모님과 얘기 중에 돈에 대한 말이 나오면 부모님을 안심시키기 위해 "내가 성공해서 돈을 많이 벌면 엄마 줄게." 라고 말한다 그러면 엄마는 그 말이 좋은지 잠깐 듣고 있다가 "너나 잘살아."라고 하신다. 엄마가 많이 고생하신 걸 안다. 한때는 엄마의 행동이 마음에 안 들어서 부적도 샀지만 내가 불효한 것을 안 뒤로는 좋은 행동을 하려고 노력했다. 그래야 엄마도 나도 좋았기 때문이다. 나의 재주로 책을 써서 베스트셀러가 작가가 되면 돈이 생긴다. 와우! 기분이 좋다. 누구에게 빌리지 않고 내 힘으로 만든 것이다. 여자도 돈을 가지고 있어야만 한다. 남편에게 의지하다 보니 친정에 돈을 쓸 때 눈치가 보인다. 그래서 나도 돈을 가지고 있어야 행복할 수 있다. 그녀도 할 수 있고 그도 할 수 있고 그들도 할 수 있다. 왜 나라고 안 되나!

우리 가족은 5명이다. 나는 딸들을 마음속에서 분리해 생각했다. 그래서인지 딸들이 서로 안 좋다고 불평한다. 내가 불평하는 삶을 살고 있었는데 딸들마저 불평하는 삶을 살다니. 그래서 일기를 썼다. 100일에 걸쳐 하루 세 줄 쓰는 동안 아무에게도 말하지 않아야 좋다고 해서 이루어질 때까지 조용히 쓰고 있었다. 그 일이 잊힐 만할 때 어느 날 문득 나는 그 일기를 열어보았다. 그리고 깜짝 놀라는 나 자신을 본다. 아니 내가 소원한 것이 다 이루어졌네!

딸들이 서로 돕고 의논하고 이해하기를 원했다. 그 일기를 쓰고 1년 뒤 딸들이 서로 돕고 의논하고 있었다. 내가 도움이 필요할 때 한 가지씩 도와준다. 지금은 책 쓰기를 하고 있다. 책을 쓰니 집안일을 안 하게 된다. 원래도 잘하던 편은 아니다. 그런데 신기하게도 짜증은 안 일어난다. 그전에는 짜증도 잘 났었다. 그래서 내가 매일매일 좋아진다는 사실을 알게 된다. 과거의 나와 지금의 나를 비교할 때 많이 달라지는 것을 알게 된다. 이미 감사하게 되었다.

『허공의 놀라운 비밀』을 보면 감사기도를 할 때 잊지 말 것은 반드시 소리 내어 기도하는 방법을 택하라고 한다. 왜냐하면, 소리야말로 창조주가 물질을 창조한 근원이기 때문이다. 소리 내어 말할 장소가 아닐 때는 중얼거리듯이 나한테만 들릴 수 있도록 해도 되며, 그래도 창조주는 모두 알아듣는다고 하는 내용이 있다.

최근에 〈한책협〉에서 많은 것을 배우고 있다. 그중에 책을 깨끗이 보면 안 된다는 말을 하신다. "책을 모셔놓고 뭘 하겠다는 건지!" 하는 말에 '어, 책에 낙서해야 하는구나.' 하고 생각을 하던 중 도서관에서 빌려온 책을 읽다 무심코 밑줄을 그었다. '아차! 이건 아닌데!' 돌려줘야 해 몹시 당황해서 사서에게 사실대로 말하고 도서관이 요구가 있으면 배상을 해줄 생각이다. 이런 부작용이. 다음은 "나는 신이다."라는 말을 배웠다. 요양보호사 보호 대상자와 대화를 하다가 나는 갑자기 "나는 신이다." 하고 소리를 냈더니 보호 대상자가 같이 따라 하며 즐거워하는 것이다. 순간 나는 이 말의 힘을 깨달았다. 사람을 살릴 수 있는 말이구나. 쓰러져 있는 마음을 세워줄 수 있는 말의 위력을 깨달았다. 그리고 말하지 않는 것은 소용이 없다. 소리 내어 말하는 것이 효과가 좋다. 아무튼, 긍정의 단어를 써 소리 내어 말하는 건 정말 좋은 일이다.

천리교에서는 상대가 용솟음쳐야 신도 용솟음친다. 먼저 즐겁게 해주어야 한다. 신앙생활을 하면서 나는 '감사합니다'라고 말하는 것을 배울 기회가 있었다. 교회에서 만나는 사람마다 감사 연습을 했다. 처음에는 따라서 나중에는 진심으로 감사하다고 했다. 감사 생활을 하고 있던 어느 날 평소에 굳은 얼굴로 다니시던 할머니 한 분이 그날따라 가벼운 얼굴로 나를 보더니 '감사합니다.'라고 했다. 그것도 사심 없이 하는 것이었다. 감사는 상대를 바꾸는 힘이 있다.

상대를 바꾸는 '감사합니다.' 그렇다면 내 미래도 미리 감사하면 바꿀 수 있는 것이다. 운명도 고정되어 있는 것인 줄 알았는데 운명도 감사하면 바뀔 것이다.

나는 미리 이백을 벌 수 있어서 감사하다고 말 한 적이 있다. 이 말을 할 당시 나는 몸도 아프고 직업도 없던 시절이었다. 그런데 지금 보니 이백을 벌고 있는 것이다. 꿈이 이루어진 것이다. 말하며 이루어진다고 하던데 사실 된다. 많은 부자가 이렇게 해서 부를 소유하게 되었구나 하는 생각이 든다. 금액을 미리 말하고 이미 이루어진 것처럼 행동하고 말하는 것이 정말 신기하다.

나는 책을 써서 베트스셀러 작가가 된다. 왜냐하면, 나의 성공은 온 우주가 도와주고 있기 때문이다. 내 이야기가 모든 사람에게 도움이 되기 때문이다. 나는 이걸 위해 태어난 사람이다. 과거를 통해 나는 이것이 현실이 된다는 사실을 믿는다. 미리 온 우주에 베스트셀러 작가가 된 것을 감사하다고 말한다. 이 일을 바탕으로 나는 앞으로 전진한다. 미래에 나에게 도움을 받는 사람들에게 감사하다. 살아줘서 감사하다. 남을 도우려고 하는 나 자신에게 감사하다. 꾸준히 하는 나에게 감사하다. 사랑한다. 나는 나를 사랑한다. 나는 나를 좋아한다.

나는 돈을 끌어당기는 자석이다. 온 우주에 감사하다. 나는 문제를 잘 해결하고 살고 있는 것이 감사하다. 나는 더불어 성장하는 것이 감사하다. 돈을 벌면 나를 위해 투자하는 것에 감사한다. 내가 하는 모든 행동이 감사하다. 나는 감사한 일이 매일매일 생긴다. 운도 좋아진다. 행복해서 안 되는 일은 없어. 하지 않으면 이룰 수 없는 거야. 무엇이든 재미있게 도전한다. 여기서 무엇을 배울까만 생각한다. 〈인생라떼〉 권마담 말처럼 나는 나답게, 작가는 작가답게 살 수 있음이 감사하다. 모두 모두 감사하다. 행복한 모든 것에 감사하다. 주식 투자를 하면 주가가 올라가는 것에 감사하다. 파이프라인이 여러 개 생겨서 감사하다. 목표가 생겨서 감사하다.

아이들이 건강한 것이 감사하다. 내가 성공하면 아이들도 성공할 것이니 감사하다. 영어 회화를 공부해서 미국을 갔다 온다. 감사하다. 나는 걸어 다니는 사전이다. 감사하다. 중국어 회화도 잘해서 대만을 갔다 온다. 감사하다. 일본어를 잘해서 일본에 갔다 온다. 감사하다. 영어 회화도 잘해서 프랑스를 갔다 온다. 감사하다. 남을 돕는 일도 잘해서 감사하다. 은혜를 입은 사람들에게 보답할 수 있어서 감사하다. 신님에게 입은 은혜에 보답할 수 있어서 감사하다. 즐거운 삶을 사는 것에 감사하다. 나도 좋고 너도 좋고 감사하다. 책 쓰기 두 번째 작업을 〈한책협〉 대표 코치님과 함께해서 감사하다. 반드시 이루어진다. 감사합니다. 〈한책협〉 작가님들도 베스트셀러 작가가 되어서 감사하다. 내 책을 출판하는 출판사 관계자분도 베스트셀러가 나와서 돈을 많이 번다. 감사하다. 내 시작은 창대하며 끝도 더 창대한 것에 감사하다. 된다. 된다. 나는 된다. 약간의 버퍼링은 있는 것, 멈춤 없이 간다. 감사하다.

선한 사람들의 소원이 이루어진 것에 감사한다. 내가 신인 것이 감사하다. 내 도움을 받는 사람들도 감사하다. 나는 감사한 일만 생긴다. 감사하다. 내 생각이 좋으니 모든 것이 이루어지는 것에 감사하다. 될 일만 생각하는 것에 감사하다. 긍정적인 마음에 감사하다. 내 머리는 모든 것을 기억한다. 감사하다. 끊임없이 배우려는 나에게 감사하다. 나는 발전한다. 감사하다. 온 우주에 감사하다. 한 알의 씨앗을 뿌리고 만 배의 수확을 얻었다. 감사하다.

이런 일들은 내 영혼에 각인되어 있다. 감사하다. 잊지 않고 이루어서 감사하다. 막힘없이 대화해서 감사하다. 고속도로를 시원하게 가는 것처럼 모든 것이 물 흐르듯 흘러감에 감사하다. 안 되는 이유도 감사하다. 감사합니다.

03

훈련과 연습을 통해 감사하는 능력이 생기다

/

내가 대한천리교를 만났을 때 천리교인지 만리교인지라고 말하며 비난하는 사람들이 많았다. 내가 부족과 불평으로 살아온 삶이 많아서 들은 소리라는 걸 이제야 알게 되었지만, 그 당시에는 몰랐다. 비난의 소리를 듣고 싶지 않아서 나는 천리교를 믿고 있다고 소리를 낼 수 없었다. 서로 도우며 즐겁게 지내는 것이 신님이 바라시는 세계인데 나는 목소리를 안 내고 있었다.

처음 신자를 만났을 때 얼굴에는 기쁨의 미소를 짓고 있으며 무엇을 하든지 감사하다고 말하곤 했다. 긍정의 단어를 들으면 사람의 기분이 좋아진다. 매일 부정의 단어를 듣고 살던 나는 감사하다는 말이 편안했다. 그래서 나도 감사하다고 말하는 것을 배워 나 스스로 말할 수 있는 사람이 되어야겠다고 마음을 먹었다. 조금씩 연습하다 보니 가끔 감사하다고 말하게 되었다. 그래도 부정적으로 살아온 삶이 있다 보니 쉽지 않았다.

그러던 어느 날, 귓전 명상을 아는 분의 소개로 듣게 되었다. 많은 가르침이 있었다. 그중에 만트라로 하루 천 번 감사하다고 말하는 것을 100일 동안 따라 해보았다. 나의 장점 중 하나가 옳다고 생각하면 집중하는 것이다. 하루하루 마음의 평화가 찾아 왔다. 그리고 얼굴에 미소가 떠다녔다. 단지 '감사합니다.'라고 말로 했을 뿐인데 50이 넘은 나이에 어릴 적에도 듣지 못한 '예뻐졌다'고 하는 말을 들을 정도로 내가 달라졌다. 불가능하다고 생각하는가? 한번 경험해보면 알 수 있다. 안 해보고 아니라고 판단하기에는 이르다. 이 세상은 불가사의한 일이 많다.

나는 감사일기를 하루 세 줄 100일을 쓴 적도 있다. 매일매일 썼다. 그리고 100일 된 날 나에게 지갑을 선물했다. 나에게 스스로 선물을 준 적이 없었다. 나를 인정한 순간이다.

일터에서는 공격의 말을 자주 들었다. 불편했다. 왜 그런지 내가 원인을 알 수 없었다. 정말 답답했다. 나는 내 진심을 다해 대한다고 생각했는데 상대는 무시한다고 생각을 했다. 그런데 관점을 바꾸니 다른 것이 보였다. 작은 것이라도 진심을 다해 감사하다고 말해보았다. 그리고 나니 사람들의 말이 부드러워졌다는 걸 알게 됐다. 상대는 나의 인정을 받고 싶었던 것이다. 사람들은 자신을 인정해주는 사람을 잘 따른다는 말이 입증되었다. 직장에서도 관계가 좋아지고 집에서도 고맙다고 자주 말하니 식구들이 좋아졌다. 우선 내가 많이 좋아졌다. 가슴이 펴지고 말을 또박또박하게 되고 감사를 말하기 전에는 못 했던 공격적인 말을 들을 때 이어서 말하기가 되는 것이었다. 공격적인 말은 대화를 더는 이어가기 어렵게 한다는 게 새삼 놀랄 일이다. 매장에서 고객님을 만날 때 사람마다 나를 부르는 호칭이 다르다. 아줌마, 이모, 사장님, 여사님, 아! 나는 여사님이라는 말이 좋다. 존중받고 있다는 느낌이 든다. '여사님' 하고 부르며 대화를 하는 손님은 끝까지 부드럽다. 그리고 나중에 갈 때는 감사하다고 말을 하고 간다. 그러면 처음에는 아무런 말대꾸도 안 했다. 지금은 '네' 하고 부드럽게 대답해드린다. 감사 연습이 나의 다음 말을 부드럽게 만들어주었다.

평상시 걸어 다닐 때 감사 연습을 할 수 있다. 왼발을 디딜 때 '감사합니다.'라고 말하고 오른발을 디딜 때 '감사합니다.'라고 말하는 것이다. 이 연습을 하면 많은 생각이 사라진다. 생각을 많이 하면 걱정이 많아진다. 그걸 예방하기 위해 실행하기에 좋은 방법 중 한 가지이다. 현재에 집중도 되고 좋다.

감사 연습을 하면서 좋아진 점이 한 가지 더 있다. 그것은 내가 말을 할 때 하지 않아도 되는 말을 하곤 했다. 왜 사족을 더해서 고생했는지 그 사실을 알아보고 싶었다. 역시나 치유의 단어가 해결해주었다.

〈한책협〉에서 책 쓰기 강의를 들은 날부터 나는 또 다른 변화를 겪었다. 연습을 많이 했지만, 무엇인가 2% 부족한 내 감사 연습은 〈한책협〉에서 반짝반짝 빛나기 시작했다. 『의식혁명』, 『허공의 놀라운 비밀』, 『상상의 힘』, 책들 속에 갈고 닦을 수 있는 글귀들이 많이 쓰여 있다. 보물 같은 책들이지만 내용이 깊어 이해가 어려운 것은 〈김도사TV〉를 보면 이해가 빨라진다. 한 번 들어서 이해가 안 되면 여러 번 들으면 이해가 된다. 정말 진국이다. 〈한책협〉에서 나는 감사하다고 말하기를 연습했다. 처음에는 의식적으로 그다음은 무의식적으로 말을 하기 시작했다. 감사는 나의 마음도 정화를 시켜주면서 다른 사람들도 정화시켰다.

나는 잠을 일정하게 잘 수 없었다. 그런데 잘 때 머리 옆에 책 제목 『감사하면 보이는 것들』을 옆에 두고부터는 잠을 잘 자고 있다. 12시까지 책 쓰기에 몰입하고 새벽 3시 30분에 일어난다. 책을 쓰고 새벽 5시에는 남편을 직장에 보낼 준비를 하고 또 남는 시간은 필사한다. 그리고 7시 30분에 다이소로 출근하고, 집에 와서 점심을 먹고 오후는 요양보호사 일을 한다. 요양보호사 일이 끝나면 집에 와서 저녁을 먹고 정리하고 남은 시간은 책을 쓴다. 그러다 보니 잠이 많이 부족해서 눕자마자 깊은 잠을 자곤 한다. 책 쓰기가 수면을 깊게 해준다. 또한, 예전에는 가위에 잘 눌렸다. 책 제목에 있는 '감사합니다'라고 말하기를 연습하고부터는 잠을 잘 자게 되었다. 감사 생활은 모든 면에서 나를 좋은 곳으로 인도하고 있다.

책을 쓰고부터 좋아진 점이 또 있다. 나는 전화가 오면 거절을 못 했다. 그래서 그 제품을 사든 안 사든 듣고 있다. 그리고 교회 전도하는 분이 전화를 꾸준히 하신다. 그럼 거절하는 것이 어려웠지만, 감사 연습을 하고부터는 "제가 일이 많아요. 시간이 없습니다." 하고 전화를 끊곤 했다. 요양보호사 자격증 공부할 때 연을 맺은 동기분이 만나자고 해도 "저는 두 달간 책을 써야 해서 바쁩니다. 나는 아침저녁으로 바빠요. 토요일 일요일도 근무합니다." 하니 자연스레 전화를 끊는 일이 생겼다. 연민에 의해 끌려다녔다. 책을 쓰는 것은 거절할 것을 확실하게 거절하게 해준다. 내 오랜 숙제가 이렇게 해결이 되니 나는 행복했다. 그리고 감사하다. 그리고 도서관에서 책 마케팅 관련 책이 필요해서 지식을 얻기 위해 예약한 도서를 찾으러 갔다 글쓰기 동기를 만났다. 내가 보기에 그분은 마음이 아픈 분이다. 그래서 치유를 많이 필요로 하신 분이어서 천리교 신앙을 해보라고 권한 적이 있다. 그때 내 앞에서는 고개를 끄덕이며 긍정의 답을 주었지만 문자로 나에게 신앙 권유를 하지 말라고 딱 잘라

거절을 했다. 그래서 나는 다음에 만났을 때 신앙은 억지로 안 되며 신의 뜻이 있어야 한다는 말을 해주었다. 아마도 내가 책을 내면 겉으로는 사주겠다고 하면서 뒤에서는 딱 거절할 분이시다. 그분도 꼭 만날 필요는 없는 분인데 끌려다녔다.

오늘 이 모든 것을 거절하는 방법을 찾았다. 책을 쓰면 기존에 만났던 사람을 끝내야 한다. 과거의 사람이다. 나는 작가이기에 작가들이 많고 나를 응원해주는 〈한책협〉에서 살아야 한다. 그곳은 마음이 편안하다. 꼭 도서관에 있는 것 같으면서도 나를 지지해주는 분들이 많아서 긍정의 에너지를 듬뿍 받는 장소, 바로 그곳에 머물러야 내가 숨을 쉬고 살아갈 수 있는 장소가 된 것이다. 〈한책협〉이 있어서 감사하다. 책 쓰기는 신분 상승을 하는 데 일조를 했다. 부정적인 나를 좀 더 한 차원 높은 세계로 인도했다. 그래서 한 단계 높이 상승한 사람을 만나고 있다. 그분은 나의 스승님이 되신다. 존경하는 김도사님이시다. 내가 신분 상승을 했다. 다들 나를 부러워한다. 어떻게 그런 일을 한 거냐고 나에게 물어온다. 나는 그저 남을 도와주어야겠다는 생각으로 살았다.

이 세상이라는 마음 밭에 남을 생각하는 씨앗을 뿌렸을 뿐이다. 그것이 나를 살려주고 높은 곳으로부터 부름을 받았을 뿐이라고 답을 해준다. 오랜 세월 이 일을 하려고 그렇게 마음고생을 많이 했다는 생각이 든다. 항상 감사하는 마음으로 살다 보니 그 기회를 잡을 기회가 온 것이다. 준비되어 있는 제자에게 준비된 스승님이 온다고 한다. 나를 갈고 닦으면 순리대로 모든 것이 이루어진다. 의심하지 않고 꾸준히 해왔던 나에게 사랑과 칭찬을 한다. 잘했다. '나'야, 너는 나에게 최고의 친구이며 동반자이다. 그리고 고맙다.

이렇게 훈련과 연습을 반복하니 나는 감사 생활을 잘하게 되었다. 근무할 때 나는 여기서 무엇을 배울까를 항상 생각한다. 실패라고 생각했던 일들이 나의 경험으로 축적되는 것을 알게 된다. 실수해도 괜찮다. 그것은 내 자산이다. 아무도 가져갈 수 없는 내 자산이며 그것은 경험이다. 실패가 두려워서 아무것도 못 한다면 이룰 수 있는 것도 없다. 행동하는 자만이 이루어낸다. 배는 항구에 머물러 있어서는 안 된다. 폭풍이 와도 배를 띄워야 한다. 그렇게 만들어진 것이 배이다. 자, 이제부터 시작이다. 배를 띄워라. 물이 들어올 때 노를 젓는다. 지금은 물이 많다. 힘차게 출발!

04

진정한 감사는 자신을 사랑하는 것에서 비롯된다

/

사랑하면 무엇이 생각날까? 가장 먼저 이성 간의 사랑을 떠올린다. 나에게 있어서 사랑은 먼 존재였다. 브레이크 없는 자동차와 같은 삶을 살았다. 그중에 사랑이 끼어들 자리가 없었다. 그리고 아주 낯선 단어가 바로 '사랑'이다.

큰딸은 그림을 곧잘 그리곤 했다. 그래서 미술 공부를 시켰다. 그곳의 선생님이 내가 안 되어 보였는지 상담을 해주셨다. 풀이해주시기를 "엄마가 우울증이 있군요." 하고 말씀하셨다. 충격이었다. 내가 우울증이 있다니…. 그럴 리가 하지만 오랜 경험의 선생님 말씀이 맞을 것이다.

엄마가 우울해서 딸이 같은 증상을 보인다고 말했다. 결혼 전에 있던 증상이 육아를 하며 다시 나타날 수 있다고 한다. 결혼 전 나는 우울하게 살았다. 물론 병원 가서 진단을 받지 않았다. 내가 생각을 하고 있었을 뿐이다. 더 몇 번 상담을 받은 결과 "부모에게 사랑을 못 받고 자랐군요." 라는 말에 나는 나도 모르게 눈물이 흘렀다. 아무도 모르는 줄 알았는데 이분은 이 사실을 어떻게 알았을까? 아이가 갑자기 어른이 됐다는 것이다. 아이는 아이답게 커야 한다는 〈인생라떼〉 권마담의 말이 생각난다. 사랑은 나에게는 없는 사치품이다.

선생님께 그 말을 듣고 나서 나는 사랑이 무엇인지 알아보아야겠다고 생각하고 먼저 도서관에 가서 책을 찾아보았다. 모르면 알아가면 된다. '늦은 때'란 없다고 생각을 했다. 그러던 중 유튜브에서 김새해 작가가 책을 읽어주는데, 루이스 헤이의 『치유』라는 책이었다. 이 책을 꼭 사야 한다는 생각이 들어서 한 권 샀다. 한 번 읽어서는 그 뜻을 알 수가 없었다.

그리고 계속해서 찾아다녔다. 그리고 명상에서 하루에 천 번 100일 동안 '사랑합니다'라는 말만 했다. 허공이라는 밭에 사랑이라는 말의 씨앗을 뿌렸던 것이다. 이 말의 힘이 좋았다. 다른 하나는 루이스 헤이가 말하는 '나는 나를 사랑하고 존중한다.'라는 글을 매일매일 필사를 했다. 시간이 나면 필사를 했다. 그리고 사랑이라는 느낌을 얻으면서 마음의 힘이 좋아지기 시작했다. 누가 기분 나쁜 말을 해도 '허허허' 하고 웃을 힘이 생긴 것이다. 이 좋은 것을 사람들에게 알려줘야지 하고 생각하고 있었다. 더불어 하루 천 번 100일 동안 감사하다고 말하는 것을 연습했다.

이 덕으로 나는 〈한책협〉을 만났다. 스스로 끊임없이 뭘까? 왜 그럴까? 생각하면서 육아를 하든지, 아르바이트하든지 끊임없이 생각하면서 살았다. 내가 생각하는 대로 답을 찾아가고 있었다. 사랑과 감사는 짝인가 보다. 늘 함께 따라다닌다.

〈한책협〉에서 책을 쓰기 시작하면서 잊고 있었던 과거의 기억들이 이것저것 올라왔다. 매직이다. 책 쓰기도 다른 사람에게 홍보해야겠다. 내가 좋아진 것을 보면 다른 사람도 좋아질 수 있다는 확신이 있다. 늘 나는 내가 경험을 하면 누구를 만나든 해보라고 권한다. 대부분 사람은 듣고 만다. 한 친구는 "너니까 되지, 나는 그냥 듣고만 있을게." 하는 것이다. 내가 특별히 한 것은 없는데 그 친구의 말은 나는 실천력이 있다는 것이다. 그리고 학창 시절 늘 수업시간에 질문을 잘했는데 같은 반 친구들은 "쟤 왜 또 저래, 선생님에게 관심받고 싶은가 봐." 하고 시기하며 질투했다 그 친구는 "나도 너와 똑같은 생각을 했어."라고 말하고 그런데 "나는 듣는 데 집중하고 너는 말을 할 뿐이야."라고 하는 것이었다. 학교 동창으로 유일하게 지금까지 만나고 있다. 내가 느끼고 깨달은 점을 많이 전달해주기도 했다. 늘 내 말을 들어주었다. 그리고 함께 있는 시간이 편했다. 유일하게 내 편이 있다고 생각이 든다. 책을 쓰면 내 주변의 사람들이 어떤 생각을 하는지 알 수 있다고 한다. 책 한 권 사달라고 하면 사줄 것 같은 친구가 안 사주고 의외 인물이 책을 사준다는 것이다. 그리고 댓글 안티가 내 가까운 친구라는 것도 있다. 지금 책이 안 나왔지만 먼저 가서 경험해보신 분의 말이니 옳다고 본다.

내 생각과 다르게 다가오는 것이 인간관계이다. 그래서 주변 사람들에게 마음을 주지 않고 살아가려고 노력하고 있었다. 사람들을 만나면서 솔직하게 말을 하는 경우가 많은데 내가 많이 다치고 힘들었다. 물론 안 좋은 버릇이나 습관들이 고쳐지는 신기한 경험을 했다. 안 좋은 것은 사는 데 도움이 안 된다. 이것들도 알려주려 하면 사람들은 받으려 하지 않는다. 다른 곳을 보고 있다. 안타깝다. 또 안 들어준다고 화도 내보았다. 마음의 상처로 인해 마음의 문도 수도 없이 닫아보았다. 그 과정이 나를 담금질하는 것이었나 보다. 쇠를 불에 달구어서 수많은 두드림이 있어야 단단한 칼이 나온다고 한다. 조금만 두들기면 물러서 얼마 못 쓴다는 표현이 있다. 그 과정을 나는 거치고 있나 보다. 평범한 사람들처럼 살지 못하는 나는 외로웠다. 그리고 그곳을 바라보지도 못했다. 집에서도 장녀라는 책임을 져야 하는 사람이다.

집안에 어려움이 오면 내가 먼저 가장 잘 느낀다. 그걸 해결하기 위해 나는 여기저기 기웃거린다. 이 어려움에서 벗어나고 싶다. 왜 나에게 이런 숙제를 주시는 것인지 아무도 답을 주지 않는다. 내가 찾아가는 방법밖에 없다. 문제 해결만 생각하고 행동하다 보니 나는 나 자신을 돌볼 시간이 없다. 나만 생각하는 이기심과 이 모든 것을 해결해야 한다는 사명감이 지금까지 오게 만든 듯하다.

남들과 다른 삶을 계속해서 살아가게 될 것인가 하는 생각에 어떨 때는 나 홀로 있고 싶을 때가 많다. 혼자 있어도 눈물도 안 난다. 누구는 눈물로 카타르시스를 한다는데 나는 눈물조차 흘리기 어렵다.

어릴 적 나는 많이 운다고 맞았다. 말도 늦게 배워서 바보인 줄 알았다는 것이다. 동생과 비교 당하면서 살아온 것을 최근에 알게 되면서 '내가 내 인생을 막 살았구나. 다른 사람의 눈에 그렇게 비치는구나.' 하는 생각이 들었다. 특히 부정적인 사람에게는 '그렇구나.' 하며 이것도 내가 허공에 쏘아 올린 것은 아닌지 의심을 해본다. 내 시야로 안 좋은 생각을 많이 한 결과가 상대를 통해 비치는 듯하다. 상대를 보고 깨달으면서 좋은 쪽으로 바꿔가는 연습도 필요하다. 보고 듣고 하는 것이 다 내 것이라는 마음으로 사람들을 만나고 있다. 어떤 것은 보고도 이해할 수 없는 것도 있다. 그럴 때 나는 나와 생각이 맞는 사람을 만나 물어본다. 질문할 때 잘 대답해주는 사람도 있다.

그리고 잘 대답을 해주고 나서 그 사람은 뒤돌아서 간다. 조금 더 같이 있어주면 좋겠다 하는 마음이 가득하다. 그러나 금방 떠난다. 외롭다. 왜 다들 가는 걸까? 나만 놓고 가는구나 슬프다. 어째 내 의식 있는 곳에 숨어 있던 거니 이제 수면으로 떠오르려고 준비하는 중이다.

감사하면 보이는 것들

나는 무엇을 알고 싶어 왜 사는지 탐구생활을 하는 중이다. 어떠한 사건이 나를 이렇게 만들었을까? 아, 배신이다. 끝까지 나를 봐줄 줄 알았는데 기대하고 있다가 상대는 부담을 느끼게 되어서 곁에 오지 않는다.

나는 친구를 사귀면 한 친구만 사귄다. 여럿이 같이 어울릴 수 없는 사람이다. 그래서 친구가 생기면 그 친구에게 올인한다. 서울 가락동 일신여중 1학년 때 친구의 이름은 기억나지 않는다.

그 친구는 명랑한 성격이었다. 그 모습이 좋아서 늘 만났다. 그러던 어느 날 그 친구가 내 전화를 잘 안 받았다. 학교에서 만나도 "나 바빠."하고 피했다. '어, 이게 아닌데….' 하면서 매일매일 고민했다. 울상이 되어서 툭하면 눈물을 흘렸다. 하나 있는 친구가 나를 피하니 우울했다. 보다 못한 아버지가 물어보았다. 사실대로 말하자 아버지는 친구는 지금만 필요하고 결혼하면 다 필요 없다는 말을 해주셨다. 결혼이 정답인 것처럼 말을 하셨다. 그런 아버지는 결혼으로 모든 것이 다 잘되고 있었던 것일까 하는 의문이 든다.

아무것도 아니라는 아버지의 말에 실망도 컸지만 그래도 내 말을 듣고 있어서 편안했다. 친구의 따돌림은 나에게 충격으로 왔다. 그리고 그 다음에 또 다른 친구를 사귈 수 있었다. 위기가 다른 기회를 불러온 듯하다. 친구 사귀기는 내 영원한 숙제였다. 내가 잘못한 것인가. 잘못에만

3장_감사는 결국 훈련이고 습관이다

집중했다. 자책도 했다. 그래서 우울한 생각을 매일 품고 살았다.

독을 품고 있는 뱀처럼 달려드는 우울감. 정말 땅꾼이 이 뱀을 잡아갔으면 좋겠다. 친구의 따돌림으로 나는 내가 잘하는 것으로 성공해서 여러 사람에게 보여주고 싶었다. 나의 소중한 자산으로는 무엇이 있을까 생각하니 나는 일기를 매일 쓰고 있었다. 세계 위인전기를 읽다 보면 위인들은 모두 어떠한 형태든 글을 모두 썼다. 그래서 그들의 흔적들이 후대까지 전해내려오고 있는 것이다. 그래서 오래 기억하려면 글을 쓰는 것이 좋겠다고 생각했다.

아, 까마득하게 잊고 있었던 내 어릴 적 소망이 이제야 생각이 났다. 그래, 나는 글을 쓰고 싶었던 것이다. 나에게 글재주가 있다는 사실을 이제야 알다니. 잘하는 것 하나도 없다고 생각했었다. 정말 감사한 일이다. 몇 십 년 잊고 있던 학창 시절의 꿈의 실체가 이제야 드러나다니. 글을 쓰면서 치유가 됐던 기억이 있다. 시원했다.

누구에게도 보여주지 않았지만 나는 마음 부자이다. 그리고 큰 그릇은 늦게 이루어진다는 말이 내 머릿속에 각인이 되어 있었다. 나는 천천히 간다, 끝까지 간다는 마음으로 살아왔다.

딸아이가 친구들에게 엄마의 인생 스토리를 말했다. 그 친구들은 "너희 엄마는 성공한 사람들이 했던 것을 다하고 있네. 너희 엄마는 성공하는 일만 남은 것 같다."라고 말했다는 것이다. 생각지도 못한 말을 듣고

'내가 그래.' 하고 긍정적으로 생각하고 나서는 세상이 달리 보이기 시작했다. 나는 나 자신이 작다고 생각했는데 다른 사람의 눈에는 크게 보인다는 사실에 세상은 내가 생각했던 것보다 더 다를 수 있다는 것을 알게 되었다. 내 단점이라고 생각되는 것이 장점이 되는 순간이었다.

지금도 연락하는 친구는 "너는 실천하니까 잘될 거야."라고 격려해준다. 친구에게 좋은 말을 듣고 나는 이미 성공한 사람이란 걸 확신을 했다. 그리고 자랑스러워지기 시작했다. 감사한 일이다.

나는 나 자신을 찾으러 여기저기 다녔다. 우리 다이소 매장이 넓다. 번호를 보고 찾아 가야 하는데 몇 번으로 가라고 하면 잘 찾는 사람은 번호를 따라가서 잘 찾아가 물건을 사 간다. 못 찾는 사람은 번호를 알려주면 땅을 보고 걸으면서 왔다 갔다 한다. 그리고 또 물어본다. 그래도 못 찾는다. 원하는 것이 확실한 사람은 번호를 바로 찾는다. 사람마다 찾는 방법이 다 다르다는 걸 물건을 팔면서 보게 된다.

나는 경험으로 결국은 찾은 것이다. 나야, 자랑스럽다. 그리고 수고했다. 사랑한다. 너는 소중한 사람이다. 앞으로는 쭉 가는 사람이 되기를 바란다. 신이 도와주고 계신대 무엇을 망설이는가. 비행기는 하늘을 향해 날아올라야 한다. 그렇게 만들어진 것이다. 진정한 감사는 자신을 사랑하는 것에서 비롯된다.

3장_감사는 결국 훈련이고 습관이다

감사하는 말의 힘, 좋은 일이 쏟아진다

/

평소에 나는 감사하다는 말을 잘하지 못했다. 그런데 다이소 다니면서 안 되는 가운데 '감사해요' 하고 조금씩 말하기 시작했다. 일을 다니는 동안 즐겁게 일을 하려고 노력도 많이 했다. 처음에는 관계가 삐걱거리듯이 출발을 했다. 나는 내가 할 수 있는 일은 최대한 하려고 했다. 이곳에서 안 되면 또 일을 찾아서 가야 하는 부담이 있었기 때문이다. 다이소 아르바이트가 마지막이었으면 하는 바람이 있었다. 한곳에 있지 못하고 여러 곳을 전전하는 나 자신에게 미안하기도 했다. 어느 곳이나 편하지 않은데 마음을 못 붙이고 여기저기 다니는 사람, 정말 김태광 저서, 『인기 스타가 된 베짱이 이야기』에 나오는 메뚜기처럼 이곳저곳을 뛰어다니고 있었다.

팀장 언니의 지적에 죄송하다는 말을 자주 사용했다. 두 달 동안 내가
언니에게 한 말이다. 그리고 말이 많다고 지적을 받았다. 죄송하다고 사
과하고 그날부터 최대한 말을 안 하려고 노력했다. 직원들과는 말을 줄
였지만, 고객님한테는 말을 여전히 많이 하고 있었다. 지금 시국에 내가
하는 행동은 고객님이 물어오면 따라다니면서 물건을 찾아주고 대화를
하는 것이다. 이건 결혼 전에 습관이 든 행동이다. 끝까지 가서 도와준다
는 맘으로 한 것인데 이곳에서는 그렇게 하면 안 되는 것이었다. 물건이
있는 번호만 알려주고 다시 물어오면 찾아주면 된다고 한다. 나는 과잉
친절을 베푼 것이다. 사람에 따라서 부담으로 다가올 수도 있는 것이다.
10년 노하우의 경험을 가지신 분의 말이니 옳다고 생각하고 최대한 행동
조절을 했다. 생각만 바꾸면 되는 것이었다.

상대의 경험을 인정하고 나는 즐거운 마음으로 일을 했다. 다양한 물
건을 구경하면서 사람들의 표정도 구경하고 나는 나도 모르게 그들의 행
동 패턴을 모으고 있었다. 자동적으로 데이터를 만들고 있었다.
'내가 이런 능력도 있구나!' 하고 깜짝 놀라기도 한다. 나는 아무런 것
도 못 하는 바보라고 생각을 했다. 나는 그 틀을 깨야 하는 것을 자주 깨
닫는다. 그런 가운데 나 혼자 〈한책협〉 책 쓰기에 도전하고 있었다. 아르

바이트하면서 병행한다. 오전에는 다이소 일, 오후는 요양보호사 일, 저녁에는 책 쓰기 과정을 수강하며 하루를 빈틈이 없이 일하고 있었다. 내가 할 수 있으니까 신님이 주신다는 믿음을 가지고 계속하고 있었다.

그 믿음대로 여기저기서 굉장한 일들이 일어나고 있다. 그동안 내가 직장을 여러 번 바꾼 이유를 알게 됐으며 나 자신이 좋은 쪽으로 습관을 바꾸고 싶었던 부분이 자연스럽게 만들어진 것이다. 마음을 그곳에 두고 있었다. 그와 동시에 집에서는 내가 부족한 부분을 남편이나 아이들이 채워주고 있었다. 그리고 내가 말을 많이 하는 것이 줄어들기 시작했다. 예전에 엄마는 말을 많이 한다고 아이들에게서 지적을 받은 적이 있다. 지식 자랑을 하는 것처럼, 지금은 상대의 말을 들어주고 맞장구를 쳐주고 있다. 주고받기가 잘되고 있다. 한 달 사이에 일어난 미라클 같은 일들이다. 이것은 내가 선택한 〈한책협〉의 책 쓰기 과정 수강에서 얻어진 보물이다. 그동안 그렇게 얻으려고 했던 보물! 생각하고 상상하면 이루어진다는 그것! 나는 모든 일이 이루어짐에 감사한다. 감사합니다.

다이소 다니면서 나는 기존에 만났던 사람들과의 교류를 다 끊어냈다. 바쁘다고 말하고 다음에 시간 나면 만나자고 했다. 그리고 만나는 사람마다 그들에게 감사하다고 한다. 아이들에게 "고마워. 나를 도와줘서." 말을 한다. 남편에게도 아침에 출근할 때는 "좋은 일이 생길 거야. 내 말을 믿어주면 좋겠어! 당신이 나를 도와줘서 고마워!" 하는 등의 말을 한

감사하면 보이는 것들

다. 배우면 써먹어야 한다. 바로 실천에 들어간다. "처음은 미약하지만, 나중에는 창대하리라."라는 글이 있다. 나는 기독교인은 아니지만, 교회에서 나오는 책은 여러 번 읽었다. 글로 된 것은 읽는 것을 가리지 않는다. 내 생각이 좋고 나쁘다는 결정하는 것이지 종교가 그것을 만드는 것이 아니다. 천리교에서도 마음 하나 잘 써야 한다고 항상 말한다. 그러나 실천하는 것은 시간이 걸린다. 나는 그 실천을 열심히 하고 있다.

내 얼굴이 많이 좋아지고 있다. 화장해도 잘 그려진다. 여자의 화장은 사회생활을 하는 데 무기라고 한다. 남에게 예쁘게 보이기 위해서 하는 것이 아니라는 생각을 하고부터는 하게 되었다. 나의 어린 시절 기억에 어떤 여자분이 내 얼굴에 화장을 해주던 기억이 난다. 그것을 보고 엄마가 화를 냈다. "너, 그 화장 지워. 하지 마!"라는 말이었다. 어린 마음에 화장하는 것이 좋았는데, 왜 하지 말라는 것인지 이해하지 못하던 기억과 함께 나는 취직을 해야 하는 고등학교에서부터 사회생활을 하기까지 얼굴에 로션 한 번 발라보지 못했다. 미용사협회 사무실에 근무할 때 미용사들이 와서 한결같이, 미용사들이 이렇게 많은데 사무실 여직원이 화장을 안 한다는 건 말이 안 되니 화장하라고 권한다. 하지만 할 수가 없었다. 내가 화장을 못 하는 이유는 엄마와의 대화를 통해 알게 되었다. 어린 시절 우리 집은 술집 옆에 살았다고 한다. 그 여자분은 술집 여자이다. 그러니 화장을 술집 여자처럼 그려놓았을 것이다. 그걸 보고 엄마가

놀라서 소리쳤던 것이었다. 그리고 그 술집 여자는 참 안쓰러운 사람이
라면서 손님에게 매 맞는 걸 본 적이 있다고 불쌍하다고 말했다.

'내가 화장을 못 하는 이유가 그것이었어!' 나중에 책을 보면서 알게 된
맹모삼천지교, 세 번의 이사로 맹자를 교육했다는 말, 주변 환경이 중요
하다. 계속해서 나는 내 환경을 알고 싶어서 물어보았다. 우리 어디 어디
로 이사 다녔냐고. 술집 옆, 무당집 옆, 우리가 이사가는 곳에는 항상 무
당집이 옆에 있었다. 출입구 쪽에 있는 방, 화장실 옆에 있는 방이 우리
가 살던 곳이었다. 그래서 엄마의 소원은 혼자 거주할 수 있는 우리 집이
라고 매일 말씀하신다. 집을 사야 한다. 집이 있으면 좋겠다. 그 소원대
로 아버지가 사우디아라비아에 가서 목돈을 벌었다. 그리고 서울 가락동
시영아파트 13평을 살 수 있었다. 지금 보면 작은 집이지만 그때는 새 집
에 주인이 없는, 오로지 우리가 주인인 집이라 정말 행복했다. 주인의 눈
치를 안 봐도 되었으니까. 그 가락동 시영아파트는 개발해서 지금은 사
라졌다.

지금도 나는 엄마의 소원이 귓속에서 맴돈다. 집을 사자. 우리는 더는
이사 다니지 않아도 되는 집을 갖게 되었다. 내가 지금 사는 집도 감사하
다. 그러나 좀 더 넓은 곳으로 이사를 한다. 꿈에서 나는 내가 살 집이 완
성되어가고 있는 걸 봤다. 내 꿈은 잘 맞는다. 어디 가서 물어보면 무당

감사하면 보이는 것들

팔자라 하지만 나는 무당이 되는 것에는 관심이 없다. 이미 조상이 다 닦아놓아서 나는 더 높은 차원의 일을 해야 한다는 생각을 한다. 그분들도 훌륭하지만 나는 더 다른 차원이 있다고 믿고 있다. 그래서 여기저기 찾아다니고 있다. 이제 내가 소속되는 장소를 찾았다. 기회도 온다. 나는 재주가 많은 사람이란 걸 〈한책협〉을 통해 확실히 아는 계기가 되었다. 나는 내가 성공해서 돈을 벌 수 있다는 자신감이 생겼다. 〈한책협〉과 함께라면 가능하다.

　감사하다는 말의 힘이 얼마나 강한지 얼어붙어 있는 나의 마음을 열게 만든 단어이다. 부정적인 말들에 둘러싸여 살다가 신앙생활 중 가장 많이 들은 말이 '감사합니다.'이다. 나는 그 말을 천리교에서 들었다. 많은 실천을 하시는 분들이다. 각자 어려운 가운데 실천을 하고 있다. 나는 그저 초보자일 뿐이다. '매사에 감사 생활을 하자.'가 2019년도의 목표이기도 하다. 나는 그곳에 가면 편안함을 느낀다. 감사의 기운이 가득한 곳이라서 그렇다.

　〈한책협〉을 방문한 작가님들은 한결같이 후기를 올릴 때 그곳의 기운이 좋다고 올린다. 신비하다고 한다. 나는 그런 곳에 가고 싶다. 조만간 그 장소에 가서 기운을 받을 수 있다. 운이 좋아지려면 운이 좋은 곳에 머물러야 한다. 책이 많은 것을 보고 행복감을 느낀다. 나도 그런 서재 하나 만들고 싶다. 책 속에 산다면 얼마나 좋을까? 갑자기 빨리 가봐야 겠다는 생각이 불쑥 떠올라 온다. 좋은 일들이 마구마구 쏟아진다. 나는 내 느낌을 믿는다.

"굉장해, 마법 같은 일들이 지금 일어나고 있어! 감정이 실려야 창조적인 작업으로 이루어진다. 행복한 감정, 좋은 감정으로 하루를 시작한다. 이미 이루어진 것처럼 말하기. 감사합니다."

네빌 고다드의 책 『상상의 힘』도 〈한책협〉에 있을 것이다. 이 보물 같은 책들도 만나고 싶다.

06

100일간의 세 줄 감사 일기를 써라

/

나는 마음이 복잡할 때 나보다 먼저 앞서가신 분들에게 물어본다. 그분들은 나의 고민을 이해하시고 방법을 알려주신다. 그러면 처음에는 따라 한다. 똑같이 모방하는 것은 창조력의 기본이다. 부끄러워할 필요는 없다. 모방을 해봐야 내가 새로운 것을 창조할 기회가 온다. 하다 보면 더 좋은 방법을 생각하기 때문이다. 사람은 진화하도록 태어난 존재다. 용불용설, 하면 할수록 발달하기 마련이다.

나는 가정이 화목하지 않은 집에 태어났다. 매일 돈 싸움의 연속이었다. 대한천리교 선생님이 말씀하신다. 나를 보면 집안 대대로 급하게 사셨다고 한다. 뭘 보고 그런 말씀을 하시는 건지 도통 모르는 말씀을 하곤 하신다. 그 말이 잊힐 때 부모님의 결혼식 비하인드 스토리를 듣게 되었다. 약혼하고 갑자기 날을 받아 눈이 허리만큼 쌓인 겨울의 12월 어느 날 청주시 청원구 내수리에서 식을 올렸다고 한다. 뭐가 아쉬워서 이런 결혼식을 하는지 불평을 했다고 한다. 시집을 와보니 시부모님이 성격이 급하신 것이다. 물론 엄마의 친정 부모님은 성격이 더 급하셨다. 유유상종이었다. 누가 더 빠르나 대회에 나가신 듯. 아니! 그 천리교 선생님은 이 사실을 어떻게 아셨을까 하는 생각이 들었다. 그리고 더욱더 신앙에 매진하게 되는 계기가 되었다.

그 성격 급하신 할아버지에게는 아들 세 명과 딸이 한 명 있었다. 할아버지는 머리가 좋다. 일제강점기 때 농사를 잘 지어서 농사 기계를 상으로 받은 적이 있으시다. 내수에서 농림부 박사라는 별명을 얻으셨다. 농사를 잘 짓는 것은 물론이요, 자식들 4명 모두 학교에서 1등 하는 머리를 가지고 있었다. 그래서 마을 사람들이 부러워했다고 한다. 신은 공평하다고 한다. 자식들이 공부를 잘했지만, 농사를 지어서 다 학교를 보낼 수가 없었다. 큰아버님만 그 시절에 전문대를 나오셨다. 큰아버님은 공부를 잘해서 집안에서 자랑거리였다. 시골에서는 큰아들을 많이 밀어준다. 우리 아버지는 중학교 1학년 다니다 차비, 교육비를 안 주셔서 그만두었다. 고모인 딸은 여자는 많이 배우면 안 된다고 초등학교만 가르치셨다.

감사하면 보이는 것들

막내인 삼촌은 아버지와 나이 차이가 꽤 나는데, 노력을 많이 해서 공부를 할 수 있게 되었다. 그 삼촌은 공주사범대를 나오고 서울대 대학원을 나와서 단국대 교수를 하셨다. 막내 삼촌이 교수가 되시고부터 할아버지의 교육이 인정을 받으신 것이다. 막내 삼촌은 사범대를 나왔지만, 고등학교 선생님이 꿈이 아니고 대학교 교수가 꿈이었다. 그 꿈을 이루셨다.

아버지만 공부를 못 했다고 원망을 하신다. 내가 조금만 더 교육을 받았다면 이렇게 살지 않는다고 하신다. 나는 패배자의 모습을 한 아버지가 한때는 창피했다. 그래서 친구들에게 우리 집안을 소개한 적이 없다. 창피해서. 하지만 아버지가 목숨을 버리려고 하는 걸 알게 되고부터는 어떻게 해서든지 살아 계시게 해야 한다고 마음을 먹고 아버지를 살리는 방법을 찾아냈다. 내가 소원하면 이루어진다는 말을 실감한다. 그리고 아버지는 죽겠다는 마음에서 살겠다는 마음을 선택했다. 아버지의 자식들은 그래서 집안이 어려운 가운데 대학교 공부를 다 했다. 아버지도 나름 자식을 통해 패배자에서 성공자가 된 분이다. 작은 의미이다.

내 동생 중 한 명은 지금 미국에서 생활하고 있다. 이 동생은 정말 존경스럽다. 어릴 적부터 생각이 남달랐던 동생이었다. 어느 날 동생은 집 앞에서 빨리 집에 와 TV를 보아야 한다는 생각을 하고 횡단보도를 건너다가 급하게 오고 있는 오토바이와 부딪쳐 사고가 났었다. 이 오토바이 운전자도 불쌍한 분이다. 사업에 실패하고 이혼하고 남아 있는 자식을 만나고 오다가 내 동생과 사고가 났다. 오토바이 면허증도 없었다. 아버지는 이분에게 치료비만 주면 되고 다른 것은 필요 없다고 말했다. 상대의 삶이 편안하지 않은 모습을 보고 최소한의 치료비만 받은 것이다. 나도 자식을 기르는 사람이다. 상대도 자식을 기르는 사람이니 이해한다고 말씀하신다. 동생은 복숭아뼈가 깨졌다. 한 달 동안 병원에 입원했다. 그리고 일 년 뒤 철을 빼는 재수술을 했다. 그때 부모님은 일해야 해서 내가 동생을 간호했다.

　수술한 첫날, 동생은 많이 아파했다. 밤새도록 병간호했다. 삼 일이 지나자 내가 병간호를 할 필요가 없어졌다. 동생은 나름 누나가 불편했을 것이다. 할 수 없어서 도움을 받은 듯하다. 나는 부모님이 안심하고 일하시도록 나선 것이었다. 동생이 안쓰러워 보이기도 했었다. 훗날 같은 반 동생의 친구가 목에 깁스한 상태에서 놀러 왔었다. 동생과 같은 시기에 사고가 났다고 한다. 그 친구가 동생의 행동을 말해주었다. "민중기, 대단해, 글쎄 이번 기초 고사에서 20등이야." 중간고사에서 5등 안에 들었다는 것이다. "응. 그렇게 공부했어!" 동생 친구는 성적이 갈수록 떨어져서 공부를 포기했다고 한다. 아~ 동생은 대단히 집중해서 공부했던 것이었다. 동생만의 목표가 있었다는 사실은 후에 알게 된다. 참, 동생의 담임선생님은 「접시꽃 당신」을 쓰신 도종환 시인이다. 지금은 정치하고 계

감사하면 보이는 것들

신다. 갑자기 생각이 나 써보았다.

또 다른 동생은 아이큐가 우리 집안에서 제일 높다. 나는 아이큐가 98이다. 세 자리 숫자도 안 된다. 이 동생은 반에서 5등 안에 들었다. 그리고 고려대를 가고 싶어 했다. 하지만 장남이라는 이유로 청주에 있는 충북대를 선택했다. 장학금을 받았다. 지금은 누구나 신청하면 주지만 그때는 공부를 잘해야 장학금을 받았다. 나는 누나가 된 입장에서는 동생이 자랑스러웠다. 내가 여상을 나와도 대학교를 나온 것처럼 인정을 받는다. 이게 동생의 후광이다. 내가 "나는 아이큐 안 좋아요." 해도 동생들이 워낙 똑똑해서 한 수 따고 들어간다.

나는 두 동생에 비하면 매일 실패를 했다. 학교 성적은 중간에다 방송대 원서를 낼 때는 고등학교 서무과에서 성적을 적어주면서 이런 성적으로도 방송대에 원서를 내나 하는 것이었다. 성적이 좋지 않았다. 다시 보니 수학이 F다. 그래도 배워야지 하고 냈다. 그해에 나는 운이 좋아 합격을 했다. 영문과를 냈다면 떨어졌을 것인데 중국어과를 선택해서 됐다. 중국어과를 선택한 이유는 한문 붓글씨를 쓸 때 한자를 모르니 답답했기 때문이었다. 한자를 배워야 하는데 하고 고민하다 선택한 것이 방송대이다. 그리고 운이 더 좋았던 게 내가 입학하고 그다음 해에 중공에서 중국으로 바뀌면서 중국과 수교를 했고 그해에 5년제에서 4년제로, 중국어과에서 중어중문과로 이름도 바뀌었다.

이 중문과도 집안을 살려야 한다는 목표가 있어서 잠시 중단을 했다. 20여 년 만에 닫힌 문이 아닌 열린 문이라고 판단하고 다시 방송대 공부를 시작했다. 아버지와 큰동생은 내가 방송대를 졸업한 줄 아신다. 그래서 졸업장을 찍어서 보내드렸더니 웃으시면서 너는 끈기가 있구나 하면서 "중국어 공부 열심히 해라." 하고 응원하신다. 처음 중국어과에 지원할 때 내가 욕심이 많다고 그만두라고 하실 때와는 다른 말씀을 하신다. 아마도 잊으신 듯하다. 아버지는 할아버지한테 받은 대로 행동하고 계셨다. 그 할아버지는 돌아가실 무렵 우리 아버지에게 "내가 잘못했다. 너를 좀 더 가르칠 걸…." 하며 사과하셨다고 한다. 할아버지의 말에 아버지는 뭐라고 답을 하셨을까?

마음만 바꾸면 지금 불행이 행복이 된다고 한다. 그 마음 바꾸는 연습을 시작했다. 첫 번째 선택은 일기이다. 북튜버들이 세 줄 감사 일기를 써보라고 권한다. "좋은 일이 폭포수처럼 쏟아진다. 나도 써보니 거의 이루어졌고 하나는 지금 진행 중."이라는 것이다.

나는 혹해서 '밑져야 본전인 거야. 볼펜과 종이만 있으면 돼.' 하고 세 줄 감사 일기를 쓰기 시작했다. 시작했으니 100일 해야겠다고 마음먹었다. 나의 장점, 100일 작정을 잘한다. 꼭 이루어낸다. 나한테 있어서는 아주 쉽다. 어려운 일도 아니다.

　그래서 나는 세 줄 감사 일기 쓰기를 하기 시작했다. 2019년 8월 29일부터 2019년 12월 6일까지 감사의 일기를 썼다. 네빌 고다드 상상의 힘을 적용하고 있었던 것이었다. 유튜브에 보면 수많은 〈한책협〉 김태광 대표님의 조언을 받고 활동하시는 작가님들이 많으시다. 2019년도에는 그 사실을 모르고 하면 이루어진다는 말을 듣고 시작했었다. 그리고 나는 2022년 1월, 〈한책협〉에 와서 알게 되었다. 나도 간접적으로 네빌 고다드가 말한 상상의 힘을 활용하고 있었다는 것을. 대표 코치님이 뿌려 놓은 씨앗은 평범한 나에게까지 와서 싹을 피울 수 있게 도와주고 있었다. '굉장해, 마법 같은 일이 지금 일어나고 있어!' 내가 생각을 긍정적으로 하려고 노력한 결과이다.

위기를 맞았을 때
더욱 감사하라

01

문의 닫혀 있는 쪽 말고 열려 있는 쪽을 보라

/

요즘 내가 일하는 장소에 아이들과 같이 오는 엄마와 아빠들이 아이의 말을 들어주고 대답을 잘 해주고 대화를 부드럽게 나누는 모습을 많이 볼 수 있다. 나는 그들을 보면서 부러움을 느낀다. 왜 나는 부모님과 대화가 쉽지 않은 것일까. 서로 상대를 이해하고 존중해주는 대화. 내가 원하는 삶이다. 거친 말이 오가는 대화는 나를 불행하게 만든다. 모든 것을 내려놓고 싶게 하는 충동도 온다. 까짓것 대충 살자. 뭐 이런 종류의 생각, 심지어는 극단적인 생각도 했던 듯하다.

나는 다행히 책이라는 도피처를 찾았다. 마음이 복잡하고 힘들 때 책

4장_위기를 맞았을 때 더욱 감사하라

을 사보거나 빌려보았다. 지금은 그런 나에게 칭찬을 해주고 싶다. "잘했다. '나'야! 어둠의 길로 안 가고 올바른 길로 가는 길을 선택한 '나'야, 네가 자랑스럽다." 책 속에는 해결책도 있었다. 행동만 하면 그것들은 내 것이었다. 내가 무엇을 하든 부모님은 반대하신다. 습관적이신 듯하다. 당신들의 삶이 좌절의 연속이었기 때문이기도 하다. 나보다도 더 고단하고 실패의 연속인 삶을 사신 분들이라 이해는 된다. 안타까운 마음도 가지고 있다. 부모와의 대화가 안 되는 일이 계속해서 이어지고 나는 불행해지고, 원인을 알 수 없어 마음속으로 '이것이 아닌데.' 하는 의구심을 품고 있던 나에게 신앙을 권하는 사람들이 있었다. 처음은 무당을 찾아갔다. 조금은 해결이 되었다. 하지만 나의 길이 아니라는 결론을 내렸다. 다음은 대순진리회를 찾았다. 내가 고민이 많으니 자연스럽게 끌려갔다. 거기는 마음이 편하지 않았다. 다음은 천주교를 갔다. 거기도 내가 여기와서 무엇을 하고 있지 하는 마음의 소리를 들었다.

그리고 법회를 열고 있는 절에 들어가 국수 한 그릇을 먹고 내가 가지고 있는 천 원을 불전함에 넣어보았다. 마음은 고요했으나 의지가 안 됐다. 다음은 기독교 무슨 파인지는 모르지만 기도하면서 울고 있는 사람을 보았다. 앗! 이곳도 내가 찾는 곳이 아니다. 마지막으로 방송대에서 만난 언니가 교회 이름을 안 알려주고 자신이 신앙을 갖고 깨달은 점을 말하는데 내 마음이 끌려갔다. 어! 거기 가면 좋을 것 같다는 느낌이 들

감사하면 보이는 것들

었다. 꿈속에서도 빨리 이곳으로 오라고 하는 꿈도 꾸었다. 나는 나를 믿고 그 대한천리교회를 갔다. 그곳에서는 검은색의 교복을 입고 '근행'이라는 예배를 드리고 있었다. 그리고 근행이 다 끝나고 아무것도 모르는 나에게 두 분이 '감사합니다.'라고 하는 것이었다. 그 인사를 듣고 나는 마음이 편안했다. 나는 이 소리를 듣고 싶었던 것 같다. 나의 감사 생활이 시작되었다. 따뜻한 온기를 느끼면서.

교회를 다니고부터 점점 딸의 행동이 좋아지자 어느 날 엄마가 "네가 가는 그 교회 나도 한번 가보자."라고 하시면서 따라오시는 것이었다. 나는 엄마가 교회에 오는 걸 기대도 하지 않았다. 그저 내가 신앙을 갖는 걸 반대만 안 하면 되었다. 의심하던 엄마는 그곳에서 교회장님과 사모님 신도들을 만나보고 내가 교회에 가는 걸 반대는 안 했다. 왜냐하면, 딸의 행동이 좋아지고 있었기 때문이다. 우리 천리교 신앙을 하는 것은 쉬운 일이 아니다. 기독교에서는 이단, 사단이라고 한다. 그럴 때마다 나는 더욱 신앙을 돈독하게 다지게 되었다. 천리교 신앙은 100명에게 전도하면 10%만 신앙을 계속해서 갖는다고 한다. 그 10%에 내가 들어간다. 신앙은 신앙이고 삶은 삶이다. 내가 좋아하는 것을 하고 살아야 한다는 생각에는 변함은 없다.

결혼 전에 나는 엄마가 빨래해놓으라, 옥상에서 빨래 걷어놓으라고 하면 나는 내 일부터 해야 하는데 왜 이 일을 시키지 하면서 일을 하곤 했다. 그런 마음으로 하니 매일 엄마와 부딪쳤다.

그때는 엄마가 잘못했다고 생각을 했다. 지금은 생각을 바꿔서 아르바이트로 빨래방을 다니기 시작했다. 2년째 다닌 어느 날, 갑자기 나는 몸이 안 좋아서 병원에 입원했다. 일주일 입원을 하고 집으로 돌아온 날 나는 걸어 다니는 것도 힘들어했다. 그래서 빨래방은 더는 다닐 수 없게 되었다. 나의 수입원이 없어졌다. 아! 어떻게 하나. 엄마에게 빌린 돈 갚아야 하는데. 엄마에게 바로 전화를 해서 미안하다고 했다. 내가 일을 할 수 없어서 돈을 제때 못 갚는다고 말을 하니 엄마가 몸이나 회복하고 그다음에 갚으라고 말했다. 우리 엄마는 돈을 빌린 것은 빌린 것이고 주는 것은 주는 것이니 확실하게 하라는 말을 자주 하신다. 돈거래에 희미한 관념을 보이는 걸 못 견디신다. 아무리 딸이라고 해도 확실하다.
아, 나의 공짜를 바라는 마음은 깨졌다. 무엇을 해서라도 갚아야겠다고 결심했다.

결심하고 있던 차에 내가 책 읽는 것을 좋아하는 줄 아신 천리교 선생님이 유튜브에서 좋은 정보가 많으니 들어보라면서 당신 자신도 책을 구매했다고 하셨다. 그리고 너무 좋으니 나보고 책도 사고 유튜브도 보라고 권해주셨다. 모든 것을 아끼시는 분으로 알았는데 열린 마음으로 나에게 유튜브 보고 마음에 드는 곳이 있으면 상담을 받아보라는 권유를 해주셨다. 나는 내 속에 고민이 있어도 상담을 잘 안 받으려고 했다. 무엇이 고민인지도 모르는 상태였기 때문이다. 그러다가 도서관에서 글쓰기를 배우고 '어라! 재미있네.' 하고 좀 더 배워보면 좋겠다고 생각했다. 이왕이면 베스트셀러 작가가 돼서 돈도 벌고 2권 정도 쓰면 좋지 않을까 하는 생각을 순간 했다. 나는 〈한책협〉의 책 쓰기 특강에 참여했다. "성공해서 책을 쓰는 것이 아니라 책을 써야 성공한다."는 김태광 대표님의 말씀이 귀에 쏙쏙 들어왔다. 이날 설레는 마음으로 책 쓰기 과정에 등록했다.

책 쓰기 과정 5주차까지 시간 가는 줄 모르고 들었다. 주어지는 대로 재미가 있었다. 심각한 것은 없고 반대하는 사람도 없었다. 다만 내가 걱정하고 있던 것이 있었다. 비용이 문제였다. 그러나 결심했다. 나는 천 원의 행복, 다이소에 다니고 있다. 그곳에서 받은 돈은 다 저축하고 있었다. 아직 만기가 되지 않았지만, 엄마의 가르침이 생각이 나서 중간에 모두 수업료로 지불했다. 내 모든 돈을 걸었다. 그제야 '아, 나는 이것을 하고 싶었구나! 내가 찾던 것이었구나.' 하는 생각이 퍼뜩 들었다. '유레카' 하고 소리치고 싶었다. 그렇게 해서 나는 이 책을 쓴 작가가 될 수 있었다.

나는 어려움이 올 때마다 누군가의 도움을 받는다. 그것이 책인 경우가 많다. 책은 그 책을 쓴 사람의 정수이다. 좋은 책은 경험담이 담겨 있다. 엄마와 부딪침 혹은 결혼생활 중 부딪침이 있을 때 그때그때 나에게 조언을 해준다.

미국에 유학하던 한국 사람이 마트를 갔다. 주차를 하고 차 열쇠를 빼지 않은 상태에서 문을 닫아버려서, 물건을 사고 돌아오니 차에 들어갈 수가 없었다. 돈을 들여 수리공을 부르고 시간을 들여 고치고 나니 옆좌석 문이 잠겨 있지 않아서 황당했다는 이야기를 들었다. 열린 쪽을 보았다면 시간을 허비하지 않았을 거라는 내용이다. 감동이 밀려온다. 나도 닫혀 있는 문 쪽을 보고 '왜 안 열려? 이건 내가 잘못한 것인가?'라고 하며 샛길로 새기도 한다. 그리고 열린 쪽은 쳐다도 안 본다. 누가 알려줘도 아니라고 했다. 이런 한 삶이 나를 삐딱 선을 타게 만드는 역할을 했다는 사실에 새삼 깜짝 놀라곤 한다.

감사하면 보이는 것들

02

접촉사고가 감사한 일이 되었다

/

    접촉사고에 대해 사람들은 어떻게 생각을 할까? 살면서 사고 한 번 안 당해본 사람은 없을 것이다. 이참에 접촉사고 사전적 의미를 찾아보았다. 어떤 차량이 다른 차량과 닿거나 충돌하여 일어난 사고라고 나온다. 경사 길을 올라가다 앞차가 미끄러져서, 도로를 달리다가 백미러를 잘못 보아서 뒤에 달려오는 차와 부딪혀서 등등 그 원인이 많을 것이다.

    결혼 전 붓글씨를 배운 적이 있다. 먹물을 사용해 써내려가는 글이 너무 좋았다. 서예학원에서 만난 언니들이 있었다. 그중에 한 언니가 시집을 가게 되었다. 나는 그때 청주에 살았다. 나는 서해안에 가서 들러리를

서 달라는 부탁을 받았다. 나와 또 다른 언니가 가기로 했다. 멀리 가야 해서 아침 일찍 만나기로 했는데 약속 시각에 차가 오지 않았다. 약속 시각보다 조금 늦게 왔는데 얼굴빛이 좋지 않았다. 신랑과 신부를 포함한 4명은 조용히 고속도로를 가고 있었다. 어느 정도 가고 있을 때 정체가 심한 구간이 나왔다. 천천히 서행하면서 가고 있었다. 그리고 사고 난 차들 여러 대를 보았다.

순간 신부 언니가 우리가 조금만 더 일찍 왔더라면 저 사고 난 차와 같은 처지가 됐을 거라는 말을 했다. 그리고 늦게 온 이유를 말해주었다. 가벼운 접촉사고가 있었다는 것이다. 그래서 출발이 늦은 것이었다. 우리는 운이 좋다고 말하면서 그 사고 지점을 벗어났다. 훗날 이 사건을 계기로 나는 남들과 약속을 할 때 제시간에 오지 않아도 이유가 있을 거라는 것을 이해하기 시작했다. 급한 성격을 조금 다스리게 도움을 주었다. 또한, 남을 재촉하는 습관도 줄였다.

다음은 기적과도 같은 감사한 접촉사고이다. 첫아이 임신 7개월 차 되는 어느 날 신랑이 어머님과 함께 서울 아산병원에 가는 길에 뒤에 차가 브레이크를 밟아야 하는데 액셀을 잘못 밟아서 접촉사고가 났다는 소식을 받았다. 순간 충격이 왔다. '괜찮겠지? 어떻게 해야 하지?' 앞이 캄캄했다. 불안한 마음에 이웃에 있는 석유 가게 아기 엄마에게 말하였다. 내

감사하면 보이는 것들

말을 듣고 그 엄마는 갑자기 심각하게 "언니, 접촉사고 우습게 보면 안 돼! 안 다친 것 같아도 최소 일주일은 병원에 입원해야 해." 하며 자신이 접촉사고 난 뒤 병원 치료 안 받고 일만 했는데 자꾸 여기저기가 아프다고 했다. 그 말을 듣고 서울 아산병원에 가는 신랑에게 어머님을 우리 집 근처에 입원하시게 해서 치료를 받자고 했다. 그리고 "당신도 같이 일주일 입원을 하면 어때?" 하고 권했다. 신랑은 내 말을 듣고 어머님을 우리 집 근처 병원에 입원하게 해드렸다. 나는 괜찮다고 하면서 바로 출근했다. 나는 신랑이 가진 성실한 점 하나만 보고 결혼했다.

정확히 일주일이 지나자 신랑은 몸이 안 좋다고 하며 내 권유대로 지금은 없어진 경기병원에 입원했다. '일주일만 입원하면 되겠지.' 하고 생각했다. 신랑이 3일이 지난 뒤 갑자기 퇴원하더니 집으로 돌아왔다. 그날 저녁 조용하게 말하기를 온몸이 전부 아파서 MRI를 찍어봤다는 것이다. 그때 목에서 숟가락 반만 한 크기의 양성 종양이 나왔다. 의사 선생님 말씀이 지금 교통사고가 문제가 아니다. 빨리 큰 병원에 가서 수술해야 한다는 것이었다. 충격, 걱정, 두려움이 다 몰려왔다. 신랑은 운이 좋게 양성이고 수술하면 된다고 하니 걱정하지 말라고 했다. 송탄에는 큰 병원이 없어서 수원 아주대병원에 가기로 했다. 그때부터 이미 배가 많이 나온 나는 도움이 안 되는데 누가 간호할 것인가 하는 걱정을 하기 시작했고 충격 때문인지 하혈을 하게 되었다. 임신에 대한 상식이 없었던 나는 하혈한 것을 석유 가게 아기 엄마에게 말하였다. 그 엄마는 일찍 결혼해서 아이가 3명이었다. 경험상 하혈은 느낌이 안 좋다면서 나보고 병원에 가보라고 권했다. 설상가상인가 하는 생각이 들었다. 신랑은 나를 친정 근처에 있는 병원에 먼저 입원시키고 자신은 수원 아주대병원에 가서 바로 입원했다. 나는 예정일도 아닌데 아이를 낳아야 하는 경험을 했다. 신랑의 수술이 충격이었나 보다.

　큰딸을 낳고 산후조리 3개월 후에 우리는 만났다. 평소에 신랑은 말을 많이 하지 않는다. 그날 후리지아 꽃다발을 들고 왔다. 뭐라고 표현할 수 없는 감정이 일었다. 의사가 말하기를 모르고 살았다면 최소 사망, 반신불수, 전신불수 중 하나라는 것이었다. 어! 접촉사고가 병을 발견한 것이다. 의사 선생님은 기적이라는 말을 했다. 평소에 우리는 머리 MRI를 찍을 일은 없다. 접촉사고가 난 계기로 입원하여 원인을 찾았다는 것이다. 일찍 발견하게 되어서 감사하게 되었다. 육아하면서 신랑의 완쾌가 감사한 것이 잊혀질 무렵 이웃에 아는 언니네 놀러 가서 우리가 이런 일을 겪었다고 말했다. 그 말은 들은 그 언니는 자신의 여동생이 늦게 결혼하여, 남편의 갑작스러운 죽음으로 아들 하나 낳았다는 말을 해주었다. "당신은 감사하게 생각해야 한다. 미리 발견해 지금 신랑이 살아 있다. 나의 여동생은 시기를 놓쳐서 살릴 수가 없었다."라는 말을 했다. 살아 존재하는 것이 더 중요하기 때문이다. 내가 겪은 일이 감사하게 되는 과정인 걸 알게 되었다.

감사하면 보이는 것들

나는 방송대 91학번이다. 졸업을 제때 못 하고 있었다. 그러다가 인연이 되어서 공부를 다시 시작했다. 그때 같이 공부하던 언니와 중국인 친구 나 셋이서 시험을 보고 집으로 돌아오는 중에 가벼운 접촉사고가 났다. 그 사건으로 나는 지금도 늦었지만, 더 늦게 공부를 천천히 해야겠다고 생각을 했다. 서두르는 성격이 있던 나에게 그 접촉사고는 내 생각을 확 바꾸는 계기가 되었다. 나를 보면 집안 대대로 급하게 살아온 것이 보인다고 하신 분이 있다. 그 말을 들을 때 나는 왜 그런 말을 하지 하고 생각하곤 했다. 정말 우리 집안 사람들은 성격이 급하다.

어느 날 엄마가 시장에 갔다가 무거운 것을 들고 오는데 마중을 안 했다고 혼나고 있었다. 나는 반발심에 "엄마는 엄마가 시장 간다고 나에게 말을 하고 갔어? 그리고 무거우니 도와달라고 말을 했어?" 하고 말했다. 엄마에게 "미안해. 내가 도와줄게."라는 말을 하지 않았다. 너무 일방적으로 몰아붙여서 반항했다. 나도 감정이 있는데 내 감정은 인정 안 하고 몰아붙이는 엄마가 미웠다. 그 뒤로 엄마를 피해 다녔다. 무엇을 하든 화를 내니 마음이 불안했다. 그래서 행동이 편안하지 못했다. 그리고 나도 아이들을 향해 엄마와 똑같은 행동을 하는 걸 알게 되고 나서는 이제는 더 이렇게 살면 안 되는구나 하고 생각했다. 그리고 화가 날 때 어떻게 대처를 하지를 생각했다. 그리고 방법을 찾아냈다.

첫 번째 명상에서는 화가 나려고 하면 하나, 둘, 셋. 숫자를 세라고 말한다. 숫자를 세다 보면 화의 김이 일단 한 번 빠져서 그다음에는 화가날 수가 없게 된다고 한다. 두 번째 여기서 화를 내면 나에게 무엇이 이득이지 하고 생각해보는 연습을 했다. 이 연습을 하고 나서 나는 화내는 것이 점점 줄어들었다. 그리고 마음이 편안해지면서 상대를 이해하는 데더 도움이 되었다. 후에 이 습관이 또 나오면 고속도로를 잘 달리다가 화를 내면 울퉁불퉁한 국도로 가는 것과도 같은 이치라고 하는 말을 들어서 화가 날 때마다 나는 고속도로를 달리는 사람이라고 생각했다. 이 방법이 나에게 많은 도움을 주었다.

접촉사고 하면 '재수 없다. 일진이 안 좋다.'라는 생각을 하곤 한다. 하지만 나는 거기서 머물지 않고 생각을 한다 왜 이런 사건이 생긴 걸까 하고 원인을 생각하다가 해결 방법을 찾아내곤 한다. 내가 찾으려고 한다면 스승이 나타나서 해결 방법을 알려준다. 생각지도 않는 내 나쁜 습관을 고칠 기회를 접촉사고를 통해 보여주면서 고칠 기회를 주신다. 사람은 누구나 실수한다. 그러나 실수에 머물지 말고 해결 방법을 찾으면 된다. 나의 접촉사고는 어마어마한 감동과 더불어 내 나쁜 습관을 고칠 기회를 내게 주었다.

감사하면 보이는 것들

03

/

감사로 시련과 좌절에서 빠져나올 수 있었다

/

　살면서 시련과 좌절이 수시로 왔다. 그것이 나를 단단하게 만들어준 것이 맞다. 어릴 때는 일이 내 뜻대로 안 되면 남을 원망했다. 그러나 지금은 나를 원망한다. 그리고 더 나아가서는 그것이 나의 재산임을 알게 된다. 영혼의 재산이라 이름을 붙이고 싶다.

　나는 아버지 직장을 따라 이사를 많이 다녔다. 성남의 중대원동, 단대동 지금도 이름이 기억이 난다. 달동네 초등 저학년 시절 엄마랑 학교에서 신을 실내화를 사러 시장에 갔다. 하얀색의 실내화는 조금 신으면 구멍이 잘 났다. 신발가게에서 본 신발이 허름하다는 생각을 했는지 따뜻한 털이 많이 들어간 빨간색의 실내화가 내 눈에 들어왔다. 그걸 사달라고 졸랐다. 엄마는 하얀색을 사려 했는데 딸이 빨간색 털이 있는걸 사달라 조르니 할 수 없이 사주신 듯했다. 빠듯한 돈으로 살 때이기 때문에 아마도 돈 걱정을 했을 것이다.

졸라서 산 신발을 들고 등교하며 내가 막 일 층 첫 번째 계단을 오르려고 할 때였다. 2층에서부터 학생들이 쓰러져 내가 있는 곳까지 도미노처럼 쓰러졌다. 나는 위에서 사람에게 눌리고 아래 사람은 내가 눌렀다. 학생 수가 많았다는 기억이 난다. 숨을 쉴 수가 없었다. 얼마나 시간이 걸렸는지는 기억에 없지만, 학교 선생님들이 소리를 지르면서 떨어지라고 말한다. 막대기로 학생들을 때리는 것이었다. 그때 안 맞으려고 최선을 다해서 피하다 보니 서로 엉켜 있던 것이 풀렸다. 그리고 언제 그랬냐는 듯 학생들이 정리되면서 다들 자기 갈 길을 갔다.

그때 나는 졸라서 산 빨간색의 실내화 한 짝을 잊어버렸다. 어제 산 것인데 속상했다. 엄마에게 말하면 엄청 혼을 내시겠지 하는 내 생각대로 어떻게 산 신발인데 그것을 잊었느냐고 한 말씀 하신다. 내가 죽다가 살아난 사실은 안중에도 없어 보이신다. 그때는 그 말 표현이 최선이었다. 이것이 첫 번째 신발 사건이고 두 번째 신발 사건은 운동화였다. 지금의 운동화는 많이 좋아진 것이다. 나 때는 몇 번 못 신고 구멍이 잘 났다. 그

감사하면 보이는 것들

중에서 최고는 끈이 있는 운동화다. 좋아서 엄마에게 졸라서 샀다. 그 신발을 신은 첫날 동네 한곳인, 집을 무너뜨린 장소에서 놀고 있었는데 한 발짝 디딜 때 내가 쑥 아래로 빠져드는 것이었다. 다행히 주변에서 나를 잡아주어 나왔다. 그곳은 재래식 변소가 있었던 장소로 살짝 덮어놓은 곳을 내가 밟은 것이다. 똥통에 빠졌던 것이었다. 나는 울면서 엄마에게 갔다. 엄마는 비위가 약하다고 '웩웩' 하시면서 새로 산 신발을 빠신 것이다. 그리고 버리기로 결정을 내렸다. 쓸 수 없었던 것이었다.

세 번째는 구두이다. 반짝반짝 빛나는 보라색 구두. 이것도 형편이 어려운 엄마를 졸라서 샀다. 신은 지 이틀 되던 날, 달동네여서 경사가 심하게 진 곳을 내려오다 앞으로 넘어지면서 얼굴과 다리를 다쳤다. 아파서 울고 있는데 내 앞에 있는 대문이 열리면서 어떤 여자분이 나를 일으켜 세워주시고 집으로 데리고 들어가 치료해주셨다. 그곳에 잠깐 머물고 나는 고맙다고 인사를 했던 것 같다. 집으로 와서 엄마에게 보여주었다. 엄마는 내 얼굴을 보고 놀란 듯했다. 그 구두는 바닥이 미끄러웠다. 지금도 나는 구두나 신발을 보면 바닥부터 본다. 잘 걸어 다닐 수 있겠지 하면서. 세 건의 신발 사건으로 나는 엄마에게 비싼 신발을 사달라는 말을 더는 하지 못하게 되었다. 돈이 없는 엄마에게 많이 미안했던 것 같다. 그리고 엄마가 권하면 아무거나 신었다. 옷 색깔과 맞지도 않고 어느 것과도 어울리지 않아도 신고 입었다. 또래 친구들이 나를 보고 이상하

4장_위기를 맞았을 때 더욱 감사하라

다고 하는 말을 들을 정도로 이 사건들로 나는 나 자신을 많이 원망했다. 그리고 신발로 엄마에게 속상하게 하지 말자고 다짐도 했다. 신발은 아무거나 신자. 신기만 하면 되는 거 아냐. 세 번의 경험으로 나는 신발이 있으면 감사한 거지 따지지 말자고 마음먹었다.

나는 살면서 돈을 잃은 적이 있다. 내가 직접 보이스피싱에 사기를 당한 것도 아니고 누군가에게 내가 빌려준 것도 아니다. 남편이 친구에게 돈을 빌려주고 받을 수 없어서 개인회생을 했다. 처음에는 남편의 친구가 싫었다. 첫 만남부터 가슴을 서늘하게 만들어주는 분위기의 친구였다. 느낌이 안 좋았다. 나는 쌍둥이를 기르고 있어서 어디에도 여유가 있지 않았다. 게다가 새 집으로 이사 가고 싶다는 꿈을 꾸고 있었다. 그날은 그것을 발견하려고 했는지 남편이 녹음한 엠피스리를 듣게 되었다. 그곳에는 남편과 그 친구가 대화하고 있었다. 내용은 지금은 다 잊었다. 그걸 계기로 남편에게 어떤 어려움이 온 사실을 알게 되었다. 남편에게 집에 빨리 오라고 말하고 나는 소주를 한 병 사서 마셨다. 한 병으로 안 돼서 미성년 딸에게 심부를 시켰다. 또 한 병만 사 오라고. 지금도 딸은 그것을 기억하고 있다. 미성년자에게 술 심부름은 시키지 말자.

두 병을 마시고 난 후는 기억에 없다. 아침에 일어나 보니 나 혼자 이불도 안 덮고 자고 먹은 것이 없어 물만 토해놓은 흔적들이 보였다. 그리고 남편과 말을 하는데 차가운 시선이 느껴졌다. 자기가 잘못해놓고 나를 비난하는 적반하장의 모습에 나는 화가 났다. 나는 남편에게 위로를 받고 싶었고 지지를 받고 싶었는데 내가 비난의 화살을 쏘고 있으니 원하는 것도 못 받고 비난의 화살을 받았다. 그리고 나는 '이런 삶을 살려고 했던 것이 아닌데.' 하는 생각이 들었다. 마음속으로 그동안 내가 안 쓰고 안 먹고 안 사준 돈이 이렇게 나가는구나 하고 생각하게 되었다. 그리고 내 현실에서 벗어나고 싶어서 결혼 전 못 한 방송대 공부를 신청해서 다시 시작했다. 이것은 내가 마무리하고 싶은 일 중 하나였다. 주변 아기 엄마들에게 내가 방송대 공부를 더 해야 한다고 말하면 그런 말은 누구는 못 할까 하는 시선으로 날 보던 것이 생각난다. 그런데 방송대 공부를 시작하고 나서는 '와. 대단하다.'라고 말을 바꾸는 것이었다. 이건 무엇일까?

방송대 출석 수업 첫날 본과 변지원 교수님이 오셨다. 방송대는 서울이어도 본과 교수를 만나기 쉽지 않다. 행운인데 즐거워지기 시작했다. 그분이 말씀하셨다. 솔로몬왕이 유명한 학자에게 세상에 사는 이치를 한 문장으로 만들어 오라는 명령을 내렸다. 그는 반지에 '이 또한 지나가리라'라는 글을 써서 왕에게 전했다. 이유는 아무리 좋은 일도 지나가고 슬픈 일도 지나간다는 것이다. 내가 처한 환경과 똑같은 말씀을 하신다. 그리고 교수님은 방송대 공부하는 학생들이 좋다며 일반대 교수는 안 하고 싶다고 하신다. 이유는 학생들의 눈빛이 배울려고 반짝이기 때문이라고 한다. 교수님은 그 맛에 방송대가 좋다고 하신다. 돈을 잃었다는 절망감에 돌파구를 찾고자 다시 공부한 나에게 아주 좋은 선물을 주셨다. 공부가 재미있었다.

남편은 인생의 비싼 수업료를 주고 나는 인생 수업을 이렇게 받았다. 잃은 것만 생각하지 않고 얻은 것을 생각하면 이 또한 감사한 일이 된 것이다. 그때 부부 사이는 좋지 않았다. 불만의 화살을 쏘고 있는 가정이어서 아이들이 눈치를 보고 있었다. 나는 도서관으로 원인을 찾으러 갔다. 내가 원하면 된다고 마침 심리 치료를 하는 프로그램이 있어 저녁 수업을 일주일에 한 번씩 들으러 갔다. 그곳에서 백지에 남편의 장점을 100개 써보라고 권했다. 아, 한 개도 찾기 어려운데 100개? 사소한 것이라도 좋다고 말하니까 대충 만들어서 100개를 채웠다. 그리고 나니 다음은 50개를 정리하라고 권한다. 그렇게 15개까지 줄이고 나서 선생님께 드렸더니 이걸 남편에게 읽어주면 된다는 것이다.

나는 아무런 의심 없이 남편이 들어오자마자 나간다는 말을 하는 남편을 붙잡고, 잠깐이면 된다고 말하고 줄줄이 읽었다. 읽고 있는 동안 신기한 경험을 했다. 점점 경직된 집안의 분위기가 풀리면서 꼭 커피가 까만데 크림 한 숟가락 넣어 부드럽게 풀리는 것처럼 방의 분위기가 좋아졌다. 다 읽어주고 나서 이제는 나가도 된다고 말하니까 남편은 그렇게 생각하냐고 하면서, 들어올 때 화가 나서 들어오더니 좀 더 있고 싶은 표정으로 있다가 할 일이 있어서 나간다고 하는 것이었다. 나중에 이 일화를 선생님께 말하니 그 프로그램은 이혼을 앞둔 분들이 마지막 수단으로 해보는 방법이라는 것이었다. 백만 원 상당의 상담료가 들어가는 프로그램이라는 것이다. 나는 그걸 도서관에서 무료로 듣고 실천하여 집안이 점점 감사하게 여길 수 있는 분위기로 바뀌게 되었다.

4장_위기를 맞았을 때 더욱 감사하라

위기 속에서 더욱 감사한 일이 생겼다

/

20대 초 친구 한 명을 사귀었다 그 친구는 말과 행동이 거칠었다. 어쩌다가 순진한 내가 거친 친구를 사귀게 되었을까? 그때는 몰랐고 지금은 알게 된 사실이지만 내가 부모님을 향해 거친 말을 했기 때문이다. 지금은 반성하고 있다. 방법을 몰라서 그렇게 행동했던 것이었다. 지금은 거친 행동을 하지 않는다. 이유는 감사 생활을 하고 있기 때문이다. 끼리끼리 모인다는 말은 진짜다. 그 친구와는 자연스레 헤어졌다. 그녀 스스로 연락을 하지 않는다. 신기하다. 억지로 따돌림을 하지 않았다. 나는 하마터면 거칠게 살 수도 있었다. 그러나 내가 옳은 선택을 한 결과 상황이 바뀌었다. 내가 주체가 된 것이다. 남의 손에 내 운을 맡길 수는 없다. 내가 생각을 바꾸었기에 가능한 것이었다. 의식이 바뀌면 자연스럽게 멀어진다는 걸 그때 알게 됐다. 의식성장은 현재 배운 단어이고 그전에는 몰랐다. 중학교 때 친구가 나를 피하는 걸 알게 되었을 때 마음이 몹시 아팠다. 그녀가 설명하기를 자기는 다른 친구도 사귀고 싶은데 내가 자기만 쫓아다닌다는 것이었다. 그래서 부담스럽다고 말했다.

　원인은 내가 친구의 성격이 좋아서 집착했던 탓이다. 지금 말로는 친한 사람도 거리를 둬야 건강하게 산다고 한다. 나는 그 친구와 거리 두기에 실패를 해서 나 스스로 마음의 문을 닫게 된 것이다. '사람들은 나를 싫어해.'라고 보편화시키면서 피해의식마저 느끼고 있었다. 그럴 필요는 없었는데. 왜냐하면, 유유상종이라고 했다. 내가 어떤 마음으로 사는가에 따라서 어울리는 사람이 달라진다는 것이다. 그래서 친구를 보면 그 사람을 알 수 있다고 옛날 어르신들이 하신 말씀이 있었다. 그것이 옳다고 생각한다. 오래된 생활의 지혜이지 않을까 생각된다. 아무튼, 그 친구와의 경험으로 나는 아프면서 성장했고 친구를 사귀는 데 말을 줄이기 시작했다. 그리고 성인이 되어서도 말을 안 하는 현상이 많았다. 최근에 내가 마음의 문을 닫아서 사회생활을 하기가 어려웠던 것이다. 지금은 사람들이 물어보면 내 감정 한 가지를 말하는 연습을 한다. 다 〈한책협〉을 만난 덕분이다. 책을 쓰면서 얻어진 보물이다. 왜 그걸로 안 하냐고 물어보면 그전에 나는 묵묵부답이었다. 하지만 지금의 나는 "어! 하려고

했는데 잠깐 잊었어." 하고 답을 한다. 그러면 대답이 없었을 때보다 대
인관계가 훨씬 좋아졌다. 나는 매일매일 좋아지고 있다. 그걸 깨닫고 나
는 사람들과 어울릴 수 있었다.

　결혼과 동시에 나는 경단녀가 되었다. 12년이 지나서 여성회관에 경단
녀 취업 교육을 받았다. 그리고 물류센타에 취직을 했다. 7개월 다닌 어
느 날 다리가 아파서 일하는 걸 그만두었다. 그리고 3개월 쉬고 집 근처
빨래방에 다시 다녔다. 2년 지난 어느 날 하혈이 심해서 산부인과에 갔
다. 그리고 갑자기 자궁의 안 좋은 장소에 혹이 있다는 말을 들었다. 다
행히 양성이어서 수술을 하면 괜찮아진다고 한다. 그리고 종합병원에 가
서 진단을 받고 바로 사흘 만에 수술했다. 빈혈이 심해서 이틀 정도 수혈
을 받았다. 3일째 되는 날 복강경으로 수술했다. 사흘 만에, 순식간에 수
술한 것이다. 빨리 수술을 해서 감사하게 생각을 한다. 그리고 다시 경단
녀가 되었다. 삼 년 사이에 직업이 여러 번 바뀌는 일이 생겼다. 나는 왜
직업에 우여곡절이 있을까? 수술로 한동안 아무것도 할 수 없는 생활을
했다. 그래도 나는 희망은 있다는 생각을 하고 살았다. 내가 사는 곳에
서 도서관까지 평소에는 10분이 걸리지만 수술하고부터는 30분을 걸었
다. 천천히 걸어서 도서관에 갔다. 글쓰기 수업이 있는걸 보고 새로운 것
에 도전하는 마음으로 수업을 듣기 시작했다. 이 수업을 시초로 나는 글
쓰기에 매력을 느꼈다. 몸이 아픔으로서 다른 세계를 만나는 경험을 했

다. 그 뒤로 코로나가 발생해서 수업을 이어서 할 수 없었다. 그리고 나는 생활을 위해 요양보호사 자격증을 땄다. 글쓰기도 멈추게 되었다. 무엇을 해도 끝까지 못 가는 걸 자주 체험한다. 아! 그건 내가 끌어당긴 것인가 하고 생각해본다. 배우다 만 것이 어디 한둘인가. 아니면 때가 아니었던 것인가? 나름 위기 속에서 나는 또 되는 방향으로 〈한책협〉책 쓰기에 도전한다. 이번에는 진짜다. 〈한책협〉대표 코치님을 믿고 앞으로 나아가도 된다는 확신이 섰다. 내가 선택을 잘한 것이다. 〈한책협〉책 쓰기 특강을 듣고부터는 나의 일들이 잘 풀리고 있다. 신기한 일이다. 정말 감사하다. 그리고 나의 안 좋은 습관으로 인해 다른 사람들에게 피해를 준 것을 사과하고 싶다 미안합니다. 우주에 좋은 것도 뿌리고 안 좋은 것도 뿌린 것이 있어서 지금 나오고 있다. 나는 좋은 것만 선택한다. 잘되는 것만 선택하기로 했다. 왜냐하면, 나는 신이기 때문이다.

방송대 졸업을 5년에 졸업하지 못하고 나중에 아이들이 크고 나서 다시 시작한 것도 위기를 벗어날 나름의 탈출구를 찾은 것이다. 방송대를 졸업한다고 해서 좋은 곳에 취직하는 데 이로운 것은 아니다. 이력서에 한 줄 더 쓰기 위해서도 아니다. 시작한 것을 끝맺음 못 한 것이 아쉬워서이다. 그리고 공부에 뜻도 있기도 하다. 배우는 것은 매우 재미가 있다. 노는 것보다 더 좋다. 남들이 꽃놀이 갈 때 나는 붓글씨를 배운 사람이다. 그만큼 배우는 데 투자하는 사람이었다. 지금도 끊임없이 배우고 있다. 나는 그래야만 건강하게 사는 것으로 생각한다. 사람들에게도 권한다. 배워야 남는다. 이것보다 더 좋은 것은 없다. 깨닫고 죽은 영혼은 행복하다. 아무것도 모르고 죽은 영혼은 깜깜하다. 나는 영혼이 있다고 믿는 사람이다. 조상의 혼이 있다고 생각한다. 그래서 나를 보면 여러 사람의 모습이 보이고 내 성격이 이렇게 되기까지는 5대까지 올라가야 한다고 한다. 그래서 성격을 바꾸는 건 쉽지 않다고 한다. 나는 성격은 바꿀 필요 없다. 의식이 성장해서 생각이 바뀌는 것이 중요하다. 생각은 내가 마음만 먹으면 바꿀 수 있다. 〈한책협〉에서 책을 쓰면서 의식 성장을 말한다. 더 배워야 하겠지만 이것을 나는 더 배우고 싶다. 내가 생각하는 것과 많이 일치한다. 역시 책 쓰기의 달인이시다. 나는 나를 믿고 있다.

나는 잠을 자면 가위에 잘 눌린다. 왜 눌리는지 알 수가 없다. 원인을 알고 싶다 책을 쓰면서 잠을 제때에 잔 적이 없다. 신기한 일이다. 그래도 몸은 가볍다. 잠을 못 자도 힘이 난다. 오래된 나의 잠 습관인데 자도 깊은 잠을 못 잔다. 원인을 알고 싶다. 꿈속에는 모르는 사람들이 출현하길래 '누구야, 왜 왔어?' 하고 소리를 쳤다. 앞으로 만날 사람들인가 하고 생각을 해본다. 나 혼자만 간직하고 누구에게도 말을 못 하는 이 심정 조만간 원인이 밝혀지리라고 생각된다. 잠을 많이 안 자도 힘을 낼 수 있다는 것에 감사하다.

내 생일날 나는 책을 쓰다가 일하러 나갔다. 그런데 10시쯤 돼서 배가

고팠다. 생각해보니 아침밥을 안 먹었다. 그리고 어머님이 전화하셨다. 오늘이 생일인데 미역국은 먹었느냐고 물어보신다. 순간 나는 "어머님, 제 생일을 기억해 줘서 고마워요." 하고 말을 했다. 고맙다는 말에 소리 내어 웃으신다. 그리고 전화를 끊었다. 같이 근무하는 직원이 내 말을 듣고 "나도 언니 생일 축하해 선물은 없어." 한다. 그래도 축하한다고 소리 내어 말해준 것이 고마웠다. 나는 내 생일을 대접을 잘 못 했다. 그런데 올해는 나를 대접해주려 한다. 나의 의식이 눈에 띄게 변하고 있다. 내 생일 밥을 안 먹은 것도 기억에 남고 여러 사람이 축하도 해주고, 남편도 나를 도와주고 해서 올해 생일은 정말 기억에 남는다. 책을 쓰는 데 집중을 하니 잡생각도 없고 오로지 책을 쓰는 것으로 재미를 느끼고 있다.

내게 납득되지 않는 일이 생기면 나는 잠깐 멈춘다. 이 바람의 방향은 무엇인가 하고 조용히 기다린다. 기다리면 소식이 전해져 온다. 그리고 내가 느낀 것 그대로 나에게 다가오는 걸 알게 된다. 나는 앞으로 많은 사람을 만나야 한다. 왠지 그런 생각이 든다. 어떤 계층인지 궁금하다. 미래여 오라. 나는 준비하고 있다. 될 일은 된다. 나는 꼼꼼한 성격인가? 허술한 성격인가? 완벽을 요구하는가? 아니면 무엇을 요구하는가? 나는 즐거운 생활을 원한다. 즐겁다 보면 모든 일이 순조롭다. 괴로우면 울퉁불퉁한 길을 가는 것처럼 삶이 덜컹거린다.

그래서 쭉 곧은 길로 가고 싶은 마음, 하루빨리 즐겁게 되어 오너라.

좋은 것은 어려운 것과 동시에 생긴다. 어려운 것은 해결하고 좋은 것은 취한다. 짝꿍의 개념이다. 『허공의 놀라운 비밀』 중에도 있다. 이 책은 계속 공부를 해야 하는 책이다. 책 내용이 깊어서 선생님이 필요하다.

05

힘들수록 모든 것에서 감사할 거리를 찾아보자

/

우리는 왜 감사할 거리를 찾지 않는가? 찾으려면 『초인생활』에서 말한다. 하늘로부터 풍성하게 주어졌다. 자잘한 것에 신경 쓸 필요 없다. 자아의 껍질을 깨뜨린다. 성장해야 한다. 찾으려고 하면 얼마든지 있다. 마음이 힘들다고 감사 거리를 찾지 않으려 한다. 자, 이제 힘들수록 감사 거리가 있는지 알아보자.

직장에서 물건 정리를 하는데 무거운 것을 들 때 힘들다고 한다. 자갈이나 고양이 모래 세제, 고무장갑 등등 보기와 다르게 무겁다. 자갈돌이 들어온 어느 날, 어떤 고객님이 모두 사 갔다. 그래서 다음에 또 주문을 넣었는데 그다음에도 모두 사 가서 팀장 언니가 화가 나서 돌멩이를 숨 겼다고 한다. 팔아야 하는 물건 아닌가. 그것도 무거운 돌멩이인데 하는 의문을 품었다. 모두 사 가면 또 다음에 주문해서 다시 무거운 것을 들어 야 하는 수고를 하기에 자주 하는 것이 힘이 든다. 그래서 숨긴 것 같다. 안 팔리면 주문을 하지 않으니까. 힘이 들어서 고마운 것을 잊은 예이다. 힘듦에 집중할 것이 아니라 잘 팔린다는 것에 집중하면 신이 나서 일을 하게 되고 무거워도 무거운 줄 모르게 되는 것이다. 이 원리를 터득하고 부터는 이 무거운 것이 나에게 돈을 만들어준다고 생각하고 무거울수록 감사한 마음을 갖기 시작했다.

시댁에 일이 있으면 나는 남편이 원하는 대로 따라준다. 옳고 그름을 따지지 않기로 했기 때문이다. 그래서 동서보다 자주 시댁을 찾았다. 그 로 인해 동서에게 원망의 대상이 되기도 했다. 자신은 잘 안 찾아가는데 나는 찾아가니 비교가 되었던 모양이다. 나는 내 할 도리를 한다고 생각 을 했다. 하지만 상대는 다른 것을 생각하고 있다. 그래서 나는 나름 동 서와 관계가 불편했었다. 그런데 내가 책을 쓰면서 완성해야 해서 시댁 에 내려갈 수 없겠다고 마음을 먹고 있는데 마침 아버님께서 일하고 있 으니 내려오지 말라고 하신다. 며느리가 필요한데도 알았다고 대답하고 남편과 통화 중 못 간다고 하니 화를 내며 알아서 하라고 한다. 그전 같 으면 복수가 두려워 안 가도 되는 곳을 가곤 했는데 지금은 자잘한 것에 신경을 쓰고 싶지 않아서 털어버렸다. 동서한테 전화가 왔다. 서방님에게 한소리를 들은 듯하다. 그래서 나는 바로 미안하다고 사과했다. 간다고 해놓고 못 갈 일이 생긴 건 내 잘못이기 때문이다. 미안하다고 나중에 밥을 사겠다고 하면서 시간이 맞지 않아서 못 사준 밥이 많다. 나중에 밥 산다는 말은 빈 소리라는 말을 한다. 하지만 나는 진짜 사려고 한다. 시기가 맞는다면 언제든지.

남한테 베푸는 법도 배워야 하니까. 내가 베풀려고 해도 상대가 받을 그릇이 안 되면 못 해준다. 그래서 이번에 그 그릇을 만들어주면 다음에 내가 사주면 될 것이다. 내가 미안하다고 하는 소리에 그녀의 화가 가라앉았다. 다행이다. 나는 마음 수양이 되어서인지 화가 안 난다. 그전에는 화가 났었다. 마음이 힘들었다. 왜 내가 남의 화내는 것까지 신경을 써야 하는지 불만스럽게 생각했다. 아~ 내가 화를 내고 있어서 끌어들인 것이라는 것을 깨닫게 된다. 보이는 현상이 다 내가 뿌려놓은 씨앗이라는 사실에 새삼 놀란다. 식구들이 있어서 감사하다. 내가 해줄 수 없는 부분을 그들이 해줘서 감사하다. 나를 도와주는 세상에 감사하다. 나는 성공자의 길을 가고 있다. 온 우주가 나를 도와주고 있다. 이런 사람을 신이 도와줘야지 누구를 도와주겠는가! 나는 당당히 성공자의 길을 간다.

나는 나 자신을 위해 돈을 써본 적이 거의 없다. 쓰더라도 적게 썼다.

아껴야 산다고 하는 말이 옳은 말인 줄 알고 살았다. 그런데 그렇게 아껴 것이 생각지도 않는 사람으로 인해 빚을 지기까지 했다. 빚지고 살고 부터는 억울했다. 한 번도 못 쓰고 나가는 돈 차라리 내가 하고 싶은 것을 하고 살 걸 하고 생각을 했다. 그래서 돈을 들여 방송대 마무리도 했다. 그리고 100일 칭찬일기를 쓰고 나 자신을 위해 지갑을 샀다. 그 지갑은 10년 썼다. 작년에 그 지갑을 버리면서 또 지갑을 사고 싶었는데 왠지 안 될 것 같아서 쓰던 지갑을 받았다. 임시지만 나를 칭찬하고 또 지갑을 살 생각이다. 나는 왜 돈을 나에게 잘 쓰는 것이지 하는 거꾸로 된 질문을 나에게 해본다. 힘이 들어도 나는 돈을 나에게 잘 쓸까? 마음이 편안해진다. 이제는 나를 위해 돈을 써야 하는 시간이 된 것이다. 나는 당연히 그럴 자격이 있다. 나는 좋은 핸드백을 가질 자격이 된다. 집에 있는 안 입는 옷들은 정리해서 버려야겠다.

집을 사고 싶어서 몇 년째 모델하우스를 보러 다녔다. 남편과 의논을 해도 부정적이다. 그래서 나는 나 혼자 집을 사야겠다고 결심을 했다. 내가 돈을 많이 벌면 남편과 의논은 하지만 내 마음대로 살 수 있지 않을까 한다. 모든 걱정은 돈이다. 걱정은 잠시 내려놓겠다. 내가 성실하고 좋은 일을 하고 살고 있는데 이런 사람을 도와줘야 하지 않겠는가? 생각나면 시각화를 해본다. 집중적으로 내가 원하는 집을 감사합니다. 이미 우리 집이 정해졌습니다. 감사합니다. 허, 재미있다.

지금 내가 힘들다고 생각하고 있는 것이 무엇인가? 예전에 나는 쓰레기봉투를 사는 돈이 아깝다고 생각을 했다. 그런데 2주 아르바이트를 한 적이 있는데 종량제 봉투를 만드는 공장이었다. 그리고 봉투에 대해서 감정이 변하게 되었다. 포장을 해보니 이것 또한 힘이 든 것이다. 봉투를 만든 사람들에게 감사하다고 생각을 했다. 물류 센터를 다니면서 '나는 공장에 안 다녀. 그런 체질 아니야.'라고 불평하던 내가 7개월을 다녔다. 몸이 피곤하긴 했다. 그리고 생각 없이 잠을 잘 수 있어서 감사했다. 빨래방에 다니면서 엄마한테 비 오는 날 빨래를 안 걷어서 혼이 난 일이 생각났다. 아, 빨래도 많으면 힘이 드는구나! 엄마에게 고맙다고 해야겠다. 나는 물건 선택을 못하는 병이 있다. 그러나 다이소에 다니면서는 다양한 물건들이 있어서 내가 물건을 선택할 때 폭이 넓어지는 것을 배웠다. 결혼 전에 했던 직장 생활은 해야만 하니까 한 것이고 결혼 후의 직장 생활은 내 자잘한 걱정거리를 해결하는 곳으로 직업을 선택한 것 같다. 내가 끌어당긴 듯하다.

아이들이 어렸을 때 나는 동화책을 일주일에 한 번씩 30권을 빌려서 내 딸들에게 읽어주었다. 1년 동안 책을 많이 빌려서 도서관에서 상도 주었다. 그리고 도서관에서 동화구연을 배워 동화구연대회에 나간 적이 있다. 남 앞에 서는 것이 몹시 부담스러운 일인데도 불구하고 동화구연대회까지 간 걸 보면 미래를 위해 투자를 했던 것 같다. 이 동화구연대회를 필두로 독서 치료로 사람들 앞에 서서 말을 하게끔 하는 발표를 했다. 나는 책으로 하는 것이어서 부담 없이 말을 하게 됐다. 결혼 전에는 힘들다고 생각했던 것을 하고 있는 나 자신을 발견한다. 안 될 게 뭐가 있어? 한 번 해보는 거야 하는 마음으로 했다. 그리고 동화로 봉사도 다녔다. 나름 재미있게 했지만, 돈벌이가 안 됐다. 내가 가지고 있는 돈으로 활동을 하곤 했다. 역시 활동을 하고 돈을 받으면 좋겠다.

부모님 모시는 것을 힘들어했다. 몸이 아니라 마음이 그렇게 무거울 수가 없었다. 그래서 요양보호사 자격증까지 땄다. 그래도 부모님인데 나이 드시면 누가 보조해주나 하는 마음에서 시작했다. 그런데 지금은 그 자격증으로 돈을 번다. 부모님께 약간의 용돈을 드린다. 더 많이 벌면 더 드리고 싶다. 많이 드려도 부담스러워한다. 꼭 맞는 금액을 드리고 싶다. 용돈을 꾸준히 드리고 나서는 부모님과의 대화도 더 잘하고 있다. 나를 길러주셔서 감사하다는 의미로 드리고 있다. 몇 년 전부터 하고 싶었지만, 실천이 늦어서 최근에 하기 시작했다. 꾸준히 하는 것이 중요하다. 한 번 드리고 다음에 안 드리면 안 돼서 내가 능력이 생기기를 기다렸다. 이제야 실천을 해서 마음이 한결 가볍다. 용돈으로 마음의 무게를 내려놓게 되어서 감사하다.

힘들다고 생각했던 걸 고마운 것으로 여기는 마음으로 바꾸면서 내 몸도 덩달아 가벼워지기 시작한다. 나를 둘러쌌던 자잘한 걱정들이 사라져 간다. 그래서 잠은 오지만 내 몸은 가벼워졌다는 걸 알게 된다. 하늘의 풍성한 것이 주어졌으면 자잘한 것은 신경 쓸 필요가 없다. 영적 세계에 마음을 두고 책을 읽거나, 책 쓰기를 하던 중 정말 자잘한 신경은 사라지고 만다. 이 자잘한 것들이 나를 무겁게 만들었다는 사실에 놀라는 중이다. 그래서 우주에서는 누구에게나 풍성한 것을 주고 있는데 사람이 능력이 안 되어 못 받고 있다는 것인가 보다. 풍요는 항상 있어서 누구나 받고자 하면 얼마든지 받을 수 있다는 말이 이해가 됐다.

감사하면서 마음 속 불평불만이 사라졌다

/

불평불만이 생기는 이유는 무엇일까? 모든 것이 욕심에서 온다고 한다. 그만하면 되었다 하고 만족을 하면 불평불만이 생기지 않는다.

나는 사람들에게 커피 타주기가 싫었다. 그래서 직장에서 커피를 타오라고 하면 시키는 것만 했다. 그 사람의 기호나 물 높이 안중에도 없었다. 그리고 매번 잘못 탔다고 하며 이렇게 타라, 저렇게 타라 하는 소리를 듣고 살았다. 생각에 생각을 거듭한 결과 내가 이런 행동을 하는 이유를 찾아냈다.

나의 첫 직장은 미용사협회이다. 내가 직업명을 말하면 대부분 미용사로 알고 있다. 나는 머리에 관해서 관심도 없다. 미용사라니. "아니요, 미용사를 관리하는 협회요." 하고 다시 설명을 해주곤 했다. 미용사들을 관리한다. 행사가 있는 날에는 체육관을 하나 빌려서 미용대회도 했다. 충청북도의 미용사들이 다 모이는 날이다. 그런 날에는 협회 직원이 제일 바쁘다. 회비도 받고 전단도 주고 기타 등등 그중에 커피를 타는 것은 내 몫이었다. 여직원이 나밖에 없어서이다. 600명이 넘는 미용사들이 입구에 도착하면 한 사람씩 회비를 받고 팸플릿을 주고 커피도 한잔 준다. 그럴 때면 미용사 한 사람씩 말을 한다. "나는 물 조금 넣어줘.", "나는 물 많이 넣어줘." 심지어는 믹스인데 "난 블랙커피로."라고도 한다. 그분들은 당연한 요구겠지만 듣고 있는 나는 혼란스러웠다. 행사 있는 날은 두려워지기 시작했다. 그래서 여러 가지 이유로 미용사협회를 그만두었다.

지금 일하고 있는 곳에서 언니는 타주는 차만 먹고 언니도 우리에게 커피 한번 타오라고 말했다. 커피를 타서 주니 여기서도 물이 많다 적다 한다. 지금 나는 〈한책협〉에서 의식 성장을 하고 있다. 나는 지금 성장했다는 걸 깨달았다. 위의 말을 들으면 나는 평소에 말도 없이 슬쩍 빠진다. 내가 미용사협회를 그만둔 이유를 말해주었다. 600명 가까이 커피를 탔는데 사람들이 각자 이렇게 해달라, 저렇게 해달라고 해서 힘들었다. 그래서 그만두었다.

그게 트라우마가 됐다고 말해주는 용기까지 생겼다. 그리고 이제는 피할 게 아니라 실수하면서 다시 시도하는 단계가 왔다고 생각을 했다. 본인들이 원하는 물 높이를 물어보고 맞추어 주어야겠다. 사람들이 왜 나한테 이렇게, 저렇게 해달라고 하는 것일까? 감사는 모르고 요구만 하는 사람들에게 회의를 느끼면서 나도 그들 따라 불평을 했다. 그것을 알고 나서는 불평이 사라졌다.

최근에 나는 오른쪽 손목이 아프다. 필사와 컴퓨터 자판을 많이 눌렀다. 그러다 문득 두 번째 직장에서의 경험이 떠올랐다. 회사 규칙이 오래되어서 컴퓨터로 다시 만들고 있었다. 경리가 주로 했다. 그런데 자기는 바쁘다고 하면서 가끔 나에게도 자판을 칠 줄 아니 작성하라고 했다. 나는 타자를 잘 친다. 경리보다 빨리 작성을 해서 많이 만들어놓았다. 회사에서 사규를 만들고 집에서는 글을 쓰면서 공부를 했다. 손을 너무 많이 써서 하룻밤 사이에 손목이 축 늘어져서 쓸 수 없게 되었다. 그때 생각이 났다. 그때는 불평이 많은 생활을 했던 기억이 난다. 지금의 내 손목이 아픈 이유는 무엇일까? 그러나 지금은 불평이 없다. 내가 하고 싶은 책 쓰기를 하고 있어서 재미가 있다. 사람은 내가 하고 싶은 것을 하면 힘든 줄 모른다고 말하곤 한다. 옆에서 보기에 어려워 보여도 하나도 어렵다고 하지 않는다. 신기하지 않은가? 책을 쓸 때 동기부여도 받고 의식 성장도 하고 매일매일 좋아지고 있다. 그러다 보니 손목의 아픔이 대수롭지 않게 되었다. 예전 같으면 불평의 말을 하고 누구 때문에 이렇게 아프게 되었다고 말하고 다녔을 것이다. 그리고 병원에 다니고 약을 먹고 했을 것이다. 지금은 생각을 바꾸어서 아플 수는 있지만 내가 의식 성장을 하면 아프지 않은 것이라고 여기며 자신감을 가지게 되었다. 오늘도 하나를 배웠다. 즐거운 생활을 매일 하니 몸이 가볍다. 몸이 가벼우니 근심이 생기지도 않는다. 그리고 불평도 생기지 않는다. 얼마나 감사한 일인가!

감사를 하면 나와 내 주변이 변한다는 것을 확인한다. 나는 대화를 할때 상대의 말을 잘 듣지 못한다. 성격이 급한 것인가? 아니면 대화를 할줄 몰라서인가? 이유를 생각해본다.

엉뚱한 답변을 한다. 그리고 남의 비웃음을 산다. 내가 의도한 것도 아니다 내 말을 들으려 하지 않는다. 그래서 외로웠다. 혼자 동굴 속에서 살았다. 사람들과 같이 있어도 공허했다.

매일 무엇인가를 찾아다녔다. 몸은 이곳 마음은 딴 세상에 있었다. 그런 내가 감사 생활을 하고부터는 상대의 말도 잘 들리고 장단도 맞추어주고 말할 때와 말을 해서는 안 되는 때를 구분하게 되었다. 내가 생각하는 안 좋은 모든 것들이 좋아지고 있다. 나는 계속해서 좋아질 일만 남은 것 같다. 이 좋은 것을 관심이 있는 사람에게 전달하고 싶다. 내가 좋아진 것처럼 그들도 좋아지기를 바란다. 노력하면 안 되는 일이 없다. 노력을 안 해서 안 되는 것이다.

문을 두들겨라, 그러면 문이 열릴 것이다. 내가 구하면 얼마든지 열려 있다. 내가 용기가 안 나서 나아가지 않을 뿐인 것이다. 한 발 내디디면 된다.

내가 있는 장소가 결코 안전한 장소가 아니다. 그곳에서 나와서 세상 경험을 하고 새로운 것을 만나려고 해야 한다. 그래야 고여 있지 않은 물이 되어서 끊임없이 성장한다. 학교 때만 공부한 사람들이 많다. 그리고 다 배웠다고 공부를 포기한 사람들과 말을 해보면 고인 물이다. 새로운 지식이 안 들어간다. 자신은 이미 문을 닫아놓았기 때문이다. 그러니 다 배운 것이 아닌 항상 배우는 자세를 가지는 것이 좋다. 그러면 자식들도 덩달아 배움의 길을 가게 된다. 자식은 배움의 길을 가게 하고 부모는 배우지 않으면 머지않아 대화의 어려움을 느낄 것이다. 그리고 그 어려움으로 인해 고통스럽게 살게 된다. 성인이 되었다고 해서 배움의 끈을 놓지 않았으면 좋겠다. 사람은 늙어 죽을 때까지 배운다고 한다. 배움의 자세를 항상 가지고 있는 사람은 행동가이다. 책임을 질 줄 아는 사람이다. 믿음도 간다. 정직하다. 아무도 모를 것 같지만 하늘이 알고 있다. 성실하고 정직하다 보면 또 다른 기회가 열린다. 신분 상승이라는 말 지금의 나로서는 떨린다. 신분 상승, 내가 원했던 거다. 아무에게도 말하지 못하고 있었던 말 신분 상승, 노비에서 양반으로 가는 것, 나는 문 앞까지 왔다. 기회를 잡을 생각이다. 천천히 나아가면서. 왜냐하면, 나는 내가 해야 할 소명을 다하기 위해 존재하기 때문이다.

생각대로 살지 않으면 사는 대로 생각한다. 주체가 누가 되느냐가 관건이다. 내가 내 삶을 이끌어가는 것이 맞다. 누군가에게 이끌려 다니면서 사는 삶은 평탄하지 않다. 감사를 하게 되면 이끌려 다닐 필요가 없다. 불평불만의 삶을 오랫동안 살아온 나는 끌려다니는 삶을 살았다. 그래서 일을 잘해놓고 구박을 받았다. 억울한 일이 한두 번이 아니었다. 상처 입고 사람들과 안 어울리기도 한다. 이제는 내가 상처받지 않게 내 생각을 모두 말하지 않고 조금만 말하는 연습을 한다. 나는 정말 아픈 것이 많았다. 그것이 모든 불평불만을 해서 생긴다는 현실에 '아차' 한다. 진리는 내 근처에서 매일 보인다. 나는 불평을 하느라 못 보고 지나친다. 내 앞을 가리고 있기도 한다. 그러한 것을 끊고 싶으면 감사 연습을 하기를 권한다.

나는 잠을 잘 자지 못한다. 자더라도 가위에 잘 눌린다. 그러고 나면 몸이 한없이 무거워진다. 피곤함에 절어서 산다. 축 늘어져서 생활한다. 무기력도 있다. 그런데 요즘은 3시간 잠을 자고 책 쓰기를 하고 있다. 저녁에 한 편, 새벽에 한 편씩 최선을 다해서 즐겁게 하고 있다. 그래서 그런지 피곤은 하나 몸은 가볍다. 잠을 못 자면 화를 잘 냈다. 그러나 지금은 피곤해도 누가 질문을 해도, 무엇을 해도 화가 안 난다. 감사 생활이 이제는 익숙해졌나 보다. 어떤 분이 '항상 감사하게 생활하시는군요?'라고 한다. 어느새 나는 감사 생활에 익숙해져 있다. 연습하고 또 연습한 결과 내가 마음먹는 대로 되었다. 감사하다 그리고 가위에 눌리지 않는다. 할 일이 있으니 벌떡 일어난다. 내가 할 일을 먼저 하고 자야겠다는 생각을 잠재의식에 넣어놓으니 부지런히 앞을 보고 가게 된다. 샛길로 빠질 사이도 없다. 지금 하는 과업으로도 바쁘다. 내가 변화하는 것을 많이 알게 된다. 감사 생활을 하니 불평이 없어졌다. 그리고 내 주변도 변했다.

07

감사는 기회를 끌어당기는 비법의 문이다

/

우리는 기회를 원한다. 누구나 성공하기를 원한다. 원한다고 다 되는 것은 아니다. 기회가 다가오면 그것을 잡는 방법을 알아야 한다. 비법이 필요하다. 나는 감사가 좋았다. 마음을 위로해주는 단어, 지금 현실이 싫은 것도 있었다. 더 나은 생활을 바라고도 있다.

나는 2년 동안 쉬는 시간이 있었다. 몸을 회복하면서 쉬는 동안 〈조성희 마인드를 강하게 하는 100일 프로젝트〉를 했다. 우선 영어 공부를 하기 위해 마인드 장착을 했다. 영어로 긍정의 단어를 하다 보면 된다는 말을 해서 집에서 나 혼자 유튜브를 보고 달력에 표기하면서 나와의 약속을 지켰다. 100일 했다는 것이 자랑스럽다. 그리고 지금은 영어를 듣고 있으면 거부 반응이 없다. 쉬운 단어를 사용해서 말하지만, 외국 사람이 간단한 질문을 하면 대답을 해줄 수 있는 정도이다. 내가 근무하는 다이소는 외국 사람이 많이 온다. 오늘은 밝은 마음으로 '안녕하세요?' 하니 어느 여자 외국 사람이 나에게 영어로 결제는 어디서 하느냐고 영어로 물어본다. 물건을 파는 곳이라 계산대 물어보는 건 기본이다. 그런데 그녀가 쓰는 단어가 들어온다. 100일 영어 공부가 아주 유용하게 된 것을 알게 되었다. 그 유튜브를 계속해서 보고 있었다면 나는 그곳을 찾아갔을 것이다. 하지만 딱 멈추었다.

다음에는 〈켈리 최 100일 필사〉를 시작했다. 토요일, 일요일은 빠진 상태에서 100일을 했다. 성공자의 습관을 따라 하면 그 사람도 성공자라고 한다. 그냥 습관적으로 매일 아침 6시 유튜브를 보면서 따라 한다. 100일이 되어도 아무 일도 일어나지 않았다. 다음에 한글로 다섯 번, 영어로 다섯 번씩 공책에 쓰고 인스타그램에 올렸다.

12월 1일부터 시작해서 20일까지 하던 어느 날 〈김도사TV〉를 보면서 카페에 가입한 것이다. 나는 책이 좋았고 책을 보는 사람에서 책을 쓰는 사람으로 변하였다. 켈리 최는 20일 했으면 당신은 이미 인플루언서라는 말을 한다. 나는 '하는 것 없는데, 정말이야.'라고 생각했던 기억이 난

감사하면 보이는 것들

다. 그때는 아니었지만, 그날부터 지금까지 계속해서 해온 결과 인스타그램에 인증 글을 계속 올리고 있었는데 2명이 '좋아요'를 계속해서 해준다. 그리고 내 계정이 업데이트되었다. 매일 올린 결과이다. 인스타그램은 처음에 실수하면서 올렸다. 잠자고 있는 딸아이를 3일 정도 깨워서 물어보고 했다. 3일 정도 하니 익숙해져서 도움을 안 받아도 되었다.

지금은 〈한책협〉에서 블로그 쓰는 법을 배워서 매일 필사를 올리고 있다. 필사하면서 글쓰기가 늘었다. 카톡에 단답형의 답만 보내던 사람이 문장이 늘어서 몇 줄 하는 정도까지 갔다. 생각해보니 카톡이나 문자 보내는 문장이 많이 길어졌다. 김도사님이 카톡을 보내도 짧게 문장을 보낸다. 다른 분들이 카톡 문자를 공개할 때마다 '어라, 나의 답은 정말 짧네. 저분들은 어떻게 저렇게 길게 문장을 보내지?' 하고 생각을 했다. 그러다가 매장에서 어떤 남자분이 질문하는데 같이 근무하는 직원이 어째 말을 짧게 하는지 처음에는 그런가 보다 하고 생각했는데 나중에는 화가 난다고 말을 한다. '내가 들어야 하는 말'이라고 생각되고, 김도사님께 짧게 문장을 보내는 것이 마음에 걸리기 시작한다. 생각에 따라 기분이 안 좋을 수 있기 때문이다. 그렇다면 지금이라도 필사를 계속해서 문장을 길게 보내는 걸 연습을 해야겠다. 내가 평소에 말이 짧은 것도 알게 되었다. 그래서 사람들이 나에게 이유 없이 화를 냈구나! 나도 그들이 화를 내면 불편했었다. 그 자잘한 것들이 불편했다. 되는 것만 생각해야 하는

데 불편한 것만 생각해서 불편한 일만 불러들이고 있었던 것이다.

정말 인플루언서가 되려고 하나 보다. 내 행동과 말이 나 자신을 브랜딩하고 있다는 것을 알게 된다. 나는 내가 원하는 데로 기회를 잡았다. 그 힘은 성공자의 행동을 따라 한 결과이다. 끈기 있게 따라 한 결과이다.

켈리 최보다 먼저인 것이 있는데 그것은 〈채환귓전명상〉이다. 명상의 기초를 알려주고 나눔, 봉사, 수양하는 법을 알려주었다. 2019년부터 2021년 12월 20일까지 3년, 1,000일을 하루도 빠지지 않고 명상을 했다. 이것도 나와의 약속이다. 불안한 마음을 다스려주어서 고마웠다. 그 고마움이 나를 내가 원하는 곳에 갈 수 있도록 도움이 되었다.

〈김도사 TV〉에서 나는 책을 써서 성공하는 방법을 배우고 있다.

보통 사람이 이 원리를 알면 빠르게 부자가 되는 방법이다.

1. 자기 자신의 존재를 파악하라

2. 곧 죽는다면 어떤 일을 하고 싶은가

3. 책을 써서 자신을 브랜딩하라

4. 자신의 지식을 판매하라

5. 온라인 마케팅을 하라

알려주서서 감사하다. 행복하다. 위에 5가지 중 나는 지금 나의 존재를 파악하고 있다. 그리고 브랜딩이 잘되고 있는 나 자신을 발견한다. 감사한 일이다. 한 가지만 잘돼도 좋은데 4가지가 더 있다니 행복하다. 해볼 만하다. 3년 명상도 하고 100일 영어 공부와 끈기 프로젝트의 힘이 〈한책협〉에서 능력으로 발현할 것이라는 믿음이 생긴다. 둘러서 〈한책협〉에 왔지만, 그 배움이 있었기에 〈한책협〉에 적응을 할 수 있다고 생각한다. 모두 다 나 자신을 갈고닦는 데 필요한 타산지석으로 생각하고 있다. 책 쓰기 기회를 주신 것에 감사하다. 앞으로도 계속해서 성장하는 민예숙이 되지 않을까 생각한다.

〈한책협〉에서는 책 쓰기만이 아닌, 돈을 버는 방법을 알려주신다. 나는 책만 잘 쓰면 되는 것 아닌가 하는 생각을 했다. 하지만 책은 도구고 그걸 바탕으로 새로운 것을 창출하는 것이 목적인 걸 알게 된다.

처음 책을 쓰기 시작할 때 남편의 눈치를 보고 있었다. 평소에 나는 집에서 책을 머리 위에 쌓아놓고 생활을 하거나 공책에 무엇인가를 쓰는 모습을 자주 보여서 내가 하는 행동은 자연스럽게 보였을 것이라고 믿고 싶다. 책 쓰기 과정, 지금 끌어당김의 법칙에 의해 나 혼자 글을 마음 편히 쓰고 있다. 그리고 책 쓰기 과정은 나를 찾고 싶어서 신청하게 되었다. 처음에는 명확하게 답을 하지 못했지만, 지금은 말할 수 있다. 점점

4장_위기를 맞았을 때 더욱 감사하라

브랜딩이 되어져 가고 있는 나를 보면 대견하다. 잘했다 칭찬해주고 싶다.

〈한책협〉 대표 코치님은 7년 동안 무명생활을 하셨다. 『꿈이 있는 다락방』, 『마음이 담긴 몽당연필』이 출간되었다. 이렇게 해서 작가가 되신 분이다.

『마음이 담긴 몽당연필』은 〈한책협〉 김태광 대표 코치님에게 2010년, 초등학교 4학년 1학기 도덕 교과서에 글이 게재되는 행운도 안겨주었다. 한결같은 작가가 되는 것이 꿈인 분이시다.

나도 김태광 대표 코치님의 본을 받아서 작가가 꿈이 되었다. 한결같이 명확한 꿈을 심어주신 분께 감사를 드린다. 처음을 개척한 사람들은 어떤 어려움이 와도 견디어낸 세월이 있어서 그에 굴하지 않고 잘해간다. 단단한 버팀목이시다. 믿음이 간다. 김태광 대표님이 존재해서 감사합니다.

감사하면 보이는 것들

08

감사하면 위기가 감사한 일로 바뀐다

/

나는 매사에 느리게 일을 터득한다. 일머리를 잘 모른다고 타박을 받곤 했다. 〈한책협〉 작가님들 중에 유아교육 책을 쓰신 분이 계시다. 그 책의 소제목에 '실수해도 괜찮아'라는 제목을 본 적이 있다. 동기부여를 받으면서 지금은 실수하지만, 다시 해보면 할 수 있어 하고 일어나곤 한다. 혼자 책 쓰기를 하면 이게 가능했을까 하고 생각하게 된다. 〈한책협〉을 만난 일이 감사하다.

나는 요양보호사 자격증을 가지고 있다. 친정엄마나 시어머님이 연세가 있으셔서 필요할 것으로 생각하고 미리 자격증을 따놓은 것이다. 바로 구직을 할 것이라는 생각은 안 하고 있었다. 그러다가 요양보호사 센터에서 요양 보호 대상자가 한 분 있으니 해볼 생각이 있는지 문의해왔다. 집에서 경단녀로 있던 나는 바로 "해볼게요." 하고 대상자 집에 하루 방문을 하고 그다음 날 친정에 일이 있어 갔다 오는 날 모르는 전화가 왔다. 혹시 급한 전화인가 싶어 받아보았다. 어제 방문한 집에 대한 일이다. 전화하신 분은 다짜고짜 그 요양 보호 대상자 어르신은 자신이 요양 보호를 받을 수 있게 도와준 사람이며, 그러니 자신이 들어가서 요양보호사를 하는 것이 맞다 하면서 센터 전화번호를 물어 왔다. 일방적인 통보를 나에게 한다. 나는 영문도 모르고 황당했다.

나는 감사하면서 이러는 일도 이유가 있겠지 하고 생각했다. 그리고 그 일을 계기로 그 어르신에게는 가지 않게 되었다. '아, 내 길이 아니구나.' 하고 있다가. 시간제 아르바이트라도 알아보자 생각을 바꾸어서 찾게 되었다. 그리고 집 근처 다이소에서 한 사람을 구하고 있었다. 나는 직접 가서 거기서 근무하고 싶다고 말을 하고 다음 날부터 일을 시작했다. 한 달 근무한 어느 날, 센터에서 전화가 왔다. 요양 보호 대상자 어르신이 있는데 우리 집 근처이니 내가 꼭 했으면 한다고 했다. 그래서 나는 지금 다이소에 다니고 있다. 오후 시간은 된다고 말을 했다. 그 대상자는 오후가 좋다고 하면서 오라고 했다. 그래서 그날로부터 요양보호사 일을 하고 있다. 전의 대상자 집보다 가깝다는 장점과 오전은 다이소에 다녀도 된다는 장점이 합쳐진 것이다. 안 되는 것도 이유가 있다. 서두를 필요가 없다. 내가 할 일은 있다. 긍정 마인드를 더 가질 기회를 얻게 된 것이다.

내가 다니는 다이소는 개인이 운영하는 매장이다. 2022년 3월에 직영점으로 바뀐다고 한다. 그러면 모든 면에서 어떻게 변할지 알 수 없었다. 다이소에서 근무하는 직원들은 어떤 생각을 하고 근무해야 할지 걱정을 하고 있었다. 나는 위에 글에서 썼듯이 순리대로 가면 된다고 생각하고 있다. 지금 이 장소에서 일하고 있는 것을 감사하게 생각하고 받아들이기로 마음을 먹었다. 다이소 직원들이 열심히 일하는 모습을 보고 나도 배워야겠다고 생각하고 있었다. 내가 배움에는 더디나 여기서는 빨리 습득해야 하는데 몇 개월째 못 외우고 있는 것도 있다. 그러면 나는 하다 보면 알 수 있겠지 하고 생각을 했다. 그들의 비난의 소리를 들으면서 깨달은 것도 있다. 나를 향해 "그것도 모르나? 들어온 지 한 달인데, 두 달째인데 아직도 모르느냐?" 하면서 알려주기는 한다. 공격의 말보다 뒤에 따라오는 말이 나의 배우려는 의지를 강하게 만들어주었다. 나는 다이소에서 성장하고 있었다. 그리고 팀장 언니가 큰 매장에서 나를 향해 큰 소리로 말했다. "이렇게 일을 하면 내가 어떻게 당신을 다이소 본사에 소개해줄 수 있냐?" 자신이 책임자인데 다이소 본사분들에게 일을 못 하는 사람을 소개해줄 수 없다는 말도 곁들였다.

이 말을 듣고 나는 "예, 알겠습니다."라고 대답을 하고 나는 재활용 상자를 버리러 갔다. 그리고 돌아오니 나에게 업무를 알려준 선배가 "언니, 내가 그 소릴 들었는데 마음이 안 좋았다"고 말을 하며 위로해준다. 고마웠다. 말로 위로를 받고 나는 계속해서 일했다.

집으로 돌아와서 다른 일을 알아봐야 하나 고민을 하다가 유튜브 연관 검색에 〈김도사TV〉를 보게 되었다. 앞의 내용은 동기부여에 관한 것이었다. 그런데 마지막에 성공해서 책을 쓰는 게 아니라 책을 써야 성공한다고 하는 말이 혹하고 들어왔다. 그 길로 카페에 가입하고 일일 특강을 들었다. 그리고 김도사님이 도와주신다는 말을 듣고 '한번 해보는 거야. 칼을 뺐으면 무라도 베어야겠다.'라는 마음으로 일사천리로 쭉 나아갔다. 가다가 한 번 위기가 왔다.

어느 토요일 저녁 졸고 있었는데 갑자기 문자가 왔다. '문자를 보내도 답도 없고 카톡을 보내도 답도 없는데 내가 문자를 자꾸 보내면 스팸밖에 되지 않는다. 그럼 연락하지 않겠다. 카톡을 안 하겠다.'라고 하는 문자였다. '내가 뭘 잘못했지?' 갸우뚱하다가 전화해서 "죄송합니다. 제가 잘못했습니다."라고 말씀드리고 어떻게 하면 할 수 있는가 하고 여쭈었다. 그리고 생각을 했다. 내가 책을 쓰고 싶은 마음이 있다는 걸, 그것도 간절하게 원하고 있는 내 마음을 확인하고 정식으로 사과를 드렸다. 그랬더니 김도사님이 대충대충 문자 잘못 읽고 숙제 엉뚱한 곳에 보내고

감사하면 보이는 것들

기회를 날렸다 하신다. 순간 잠이 번쩍 깨면서 '아, 내가 그렇게 했구나!' 정신을 차려서 떨리는 마음으로 한 장의 글을 보내드렸다. 그리고 좀 다듬기는 해야 하지만 글의 내용이 좋다고 하시면서 내일 계약을 하자고 하신다. 이렇게 빨리 그것도 내가 실수했는데 용서해주신 것이다! 나는 내 귀를 의심했다. 이분은 말을 실천하시는 분으로 알고 있는데 하는 의구심이 들었다.

나는 내가 사람을 직접 만나지 않아도 느낌으로 안다. 그것도 내 장점 중 하나다. 그래서 사과를 빨리 드렸던 것이다. 실수를 할 수 있지만, 사과는 바로 하고 다음에는 하지 않으려 노력하자는 마인드가 있었다. 그러면서 배우는 것이지 하는 생각도 가지고 있었다. 태어나면서부터 아는가! 차차로 배우는 것이지 행동을 안 하는 것은 고인 물과 같다. 아는 그 시점에서 바로 생각을 바꾸는 연습을 꾸준히 해온 결과 나는 빠른 선택을 할 수 있었던 것이다. 그것은 내가 살아오는 동안 실패를 해왔고 실패에서 배우려고 노력한 나의 결과였다. 그리고 도와주신 분들이 계셔서 빨리 깨달을 수 있었다.

출판 계약서를 받아 보는 순간 타로점에서 '나는 올해 신분 상승하고 외모가 아름답게 바뀌고 돈도 많이 벌고 말로 하는 강사도 될 수 있고 유튜브 스타도 될 수 있다. SNS도 활성화된다. 어떻게 해서 그렇게 만들었는가 하고 내 주변 사람들이 부러워하고 시기도 한다. 그럼 겸손하게 처신해야 하며 온 우주가 내가 할 수 있게 도와주고 있다.'라고 하는 운이 들어왔다. 선택은 당신이 한다. 그동안 고생한 것을 보상해주신다고 한다. 아직 안 일어났는데 그런 게 와 느낌이 좋다. 다른 사람은 선택을 받는데 나는 내가 선택을 한다고 한다. 하는 내용이었다. '어, 부럽네요.' 하는 말과 함께 '구독 좋아요' 하는 것이었다.

아직도 기억하는 걸 보면 임펙트가 있었다. 그 가운데 고비는 온다고 잘 헤치고 나가 본인이 원하는 걸 이루어낸다고 한다. 이 모든 일이 지금 현실이 되었다. 책 쓰기 과정이 나를 좋은 쪽으로 가게끔 도와주고 있다. 마음의 평안 내가 할 일을 찾은 느낌 지금은 행복하다. 그동안 남의 옷을 입었다. 앞으로는 내 옷을 입는다. 내 성격도 다양하게 나온다고 한다. 장점이 많다고 한다. 창의력에 감탄사의 연발이다. 나에게도 이런 영광의 날이 오다니. 온 우주에 감사의 씨앗을 뿌린 결과로 만 배의 수확을 얻은 것이다. 『허공의 놀라운 비밀』이 생각난다. 〈한책협〉의 책은 의식 성장을 고양하는 책이 많다. 누구나 실천하면 다 된다. 〈한책협〉 작가님들은 경험을 다 하셨다. 그리고 의식 성장을 하고 활동을 하고 있다.

먼저 감사를 연습하는 씨앗을 뿌리자. 그러면 각자의 시간 차이는 있지만, 어느 날 감사할 일들이 산더미처럼 몰려온다. 감사하게 되면 위기

감사하면 보이는 것들

가 감사한 일로 바뀐다. 나는 감사 생활을 하기 위해 감사하는 연습을 했다. 그리고 위기다 싶은 순간이 왔다. 다이소에서 겪은 일, 책 쓰기 과정에 겪은 일 모두 나를 성장하게 하는 데 도움이 되었다. 그리고 감사한 일은 내가 책을 쓰는 동안 모든 것이 나를 밀어주어서 책을 쓰게끔 환경이 만들어진다는 것이다. 만날 필요가 없는 사람은 자연스레 인연이 끊어지고 만나고 싶은 사람은 만나게 되고 식구들이 대화를 잘하면서 편안하게 일상생활을 한다. 감사하다. 내가 원하는 삶이다. 그리고 나는 내가 배운 것은 다른 사람에게 전달하는 메신저가 될 것이다. 그전에는 나 자신만 잘살면 되지, 굳이 해야 하나 생각을 했었다. 그런데 〈한책협〉에서 책을 쓰다 보니 그것은 인재 낭비라는 생각을 가지게 되었다. 나는 인재이다. 훌륭한 재목감이다. 다른 훌륭한 재목감과 함께 의식 성장 메신저로 활동할 생각이다.

항상 감사를 선택하라

01

감사하면 보이는 것들에 대하여

/

　나날이 감사 생활을 하면서 실패라고 생각했던 것들이 성공으로 가는 길에 필요한 버팀목이라는 것을 알게 된다. 생활 속에 있는 걸 사실적인 글쓰기 숙제를 하다가 엄마에게 혼이 나고 글을 전혀 못 쓰는 사람이 되었었다. 내 기억에 많이 억울했던 듯하다. 왜 칭찬을 안 하지? 말도 늦게 배우고 받아쓰기 빵점도 맞은 사람인데 글을 써서 선생님께 칭찬을 받았는데…. 축하할 일이 아닌가? 부모에게서 잘못한다고 꾸짖음을 듣는 일의 연속이었다. 칭찬이 그렇게 안 좋은 것인가? 그 일로 인해 나는 마음의 문을 닫았다. 아무에게도 내 꿈을 말하지 않기로 했다. 엄청난 실천을 한 결과 지금 나를 따라서 하는 딸이 하나 있다.

나는 딸과 대화를 시도했다. 자신의 마음에 있는 것을 말하기 어려워하고 있고 눈치 보고 자신감이 없는 모습, 꼭 내 모습을 보여주고 있다. 할 말이 있는데 표현하지 못하는 표정이 얼굴에 보인다. 딸의 말을 들어보면 친구들과 어울릴 때 말을 하고 싶다고 한다. 말을 안 하고 동굴 속에 있어서 친구들과 대화를 하려고 하니 목소리가 나오지 않는다고 한다. 그래서 목에 물 스프레이를 뿌렸다고 한다. 그러자 말이 나왔다. 헉! 이런 일이. 말을 안 하면 된다고 마음의 문을 닫아놓은 것을 딸을 통해 보여주신다. 그러지 말라. 그러면 너 자신만 더 아프다. 가지고 있는 재능을 쓸 수가 없다. 딸과 말하고 보니 내가 생각했던 것보다 생각을 잘하고 산다. 그걸 말로 표현하지 못하니 그림으로 그리는 듯하다. 내가 보기에 잘 그린다. 나는 딸들이 공부하기를 바란다고 평소에 말을 한다. 그랬더니 공부하라고 한다고 싫어한다. 왜 싫은지 말은 안 하고 있었다. 그래서 말을 해서 알아보았다. 나는 수학, 영어를 공부하라고 말하는 것이 아니었다. 자신이 재미있는 일을 하면 바로 공부하는 것이라고 말을 하니 생각을 해보고 긍정의 답을 준다.

수학, 영어 공부는 대학을 가기 위해 하는 것이다. 그러나 그림을 그리고 싶으면 그림 공부만 하면 되지 않을까 한다. 필요하면 자신들이 알아서 공부한다. 내가 그렇게 한 것처럼 어떤 어려운 환경에 놓여 있어도 목표가 배우는 것인데 하다 보니 내 수준에서 하게 되고 준비된 제자에게 스승이 찾아온다는 말처럼 모든 것이 이루어지고 있다.

감사하면 보이는 것들

실패가 성공으로 가는 것을 도와주고 있다. 말을 안 하고 살지 말고 긍정의 단어를 이용해 서로에게 많은 말을 전하면 되겠다는 생각이 떠올랐다. 그래, 어차피 내가 말이 많다는 말을 한다. 그러면 강의나 상담해서 내 재능으로 돈을 벌면 될 것이다. 공짜로 말을 해주니 구걸을 하는 것처럼 보인다. 이 좋은 것을 나는 사람들이 쉽게 접근하라고 쉽게 말을 한 것인데 그것이 아닌 것 같다. 돈을 받고 말을 하면 그들에게 도움이 될 것이라는 걸 알게 되었다. 그런 방법을 알려주셔서 김도사님에게 감사하다. 나는 말로 봉사를 한다. 봉사는 나의 사명이다. 온 우주에서 나에게 강의 상담을 하라고 요구하고 있다. 나는 사람의 마음을 살리는 메신저가 된다. 나는 그 능력을 갖추고 있다.

그 아픔이 내가 살아가는 원동력도 됐다. 말을 못 하는 벙어리에서 말이 많은 사람으로 변했고 내가 생각을 바꾸니 세상이 밝아진다. 주눅 들지 말고 비굴하지도 말고 당당히 그 길을 만들어가자. 흔들려도 잠시 멈추었다가 다시 일어서면 된다. 우주는 오늘도 나를 응원하고 있다. 그러니 어떠한 순간에도 주눅 들지 말자. 다만 살아온 대로 살지 마라. 내가 변하면 모든 것이 변한다. 나의 생각 하나가 바뀌면 세상이 바뀐다. 나의 마음 하나 바뀌면 세상이 바뀐다.

마음이 변하면 모든 것이 변한다. 예민함도 신이 준 큰 축복이다. 세심함도 삶 속에 희망이 된다. 나는 눈치 보지 않는다. 나는 주눅 들지 않는다. 내 삶은 어느 순간에도 비굴하지 않다. 하늘이 나를 보호하고 우주가 나를 응원한다. 그 어떤 상황에도 나는 떳떳하다. 내가 내 삶을 바꾸는 주인공이다. 나의 상상이 현실이 된다. 나는 내 삶을 바꾸는 주인공이다. 그러니 오늘 한 생각과 행동을 조금씩 바꾸어 본다. 만족하지 못한 인생이라면 오늘 지금 이 순간부터 살아온 습관을 조금씩 변하게 해본다. 지금까지 살아온 대로 살지 않는다.

네빌 고다드의 '상상의 힘'을 믿자. 나는 작가다. 내 세계를 창작하는 존재다. 그러니 신이라고 할 수 있다. 내가 변하면 온 우주가 변한다. 우주가 확장되면 세상이 변한다. 마음 하나 생각 하나 바꾸면 그렇게 된다. 나는 소중한 사람이다. 너도 소중한 사람이다. 각자 소중하게 생각하자. 어떻게 만들어진 존재인데…. 수많은 사람의 공으로 태어난 존재이다. 열심히 목표를 향해 살자. 그러다 보면 될 일은 된다. 나는 희망 메시지를 전하고 싶다. 생각을 바꾸어라. 긍정의 단어를 넣어서 생각해라. 그러다 보면 말대로 된다. 나는 장남과 결혼을 안 하겠다는 말을 입에 달고 살았다. 그런데 만나는 사람이 모두 장남이었다. 간혹 막내도 만났는데 어려 보였다. 그리고 성숙한 사람이 좋았다. 그리고 남편을 만났다. 내 말을 잘 들어주고 있었다. 그런 사람은 또 처음이라 끌렸다.

자연스럽게 결혼까지 갔다. 우리가 만난 지 100일도 안 돼서 신혼살림을 차리고 있었다. 신속하게 생긴 일이다. 결혼하려면 빨리 해야지, 멈칫하면 안 된다고 생각을 하고 살았다. 기회는 두 번 오지 않는다는 마음으로 살았다. 남편한테 고비는 있었지만 그건 내가 감당할 수 있었다. 신앙의 힘이 가장 컸다. 그래도 선택은 내가 한 것이다. 나는 의지가 아닌 마음의 평안을 위해 신앙을 하는 것이다. 그리고 모든 좋은 것들을 배우려는 자세로 임했다. 그 생각 그대로 좋아지는 것들 모두 해보고 실패도 하고 했다. 후회를 남기지 않기 위해 그때 '그렇게 했다면~' 하고 가정하지 않기 위해 '해보는 거야.' 하는 마음으로 했다. 그래서 내 주변 사람들이 부담이 많았던 것 같다. 내 생각이 저만치 가 있는 걸 보고 남들이 나를 향해 '똘아이'라고, 미쳤다고 하는 소리를 많이 들었다. '쟤 이상해.'라고 말하는 것은 기본이다. 내 정신세계는 이분법으로 나누어진다. 현실을 살아라. 아니 보이지 않는 세계는 반드시 있다. 조절을 못 해서 틀어지기도 했다. 그런 실패를 하는 가운데 이제 중심이 잡혀서 앞으로 나가는 법을 배웠다. 김도사님께 정말 감사하다.

모든 것이 이루어진 것처럼 행동하라. 그러면 이루어진다. 자신의 느낌이 맞다고, 자신을 믿어라. 그러면 보인다. 내가 하는 행동과 할 수 있는 행동이 보인다. 더불어 감사 생활을 하자. 감사 생활은 나를 살리는 길이고 집안을 살리는 길이다. 감사하면 좋은 것들이 마구 끌려 들어온다. 긍정의 단어가 주는 효과는 '짱'이다. 사람들은 이 사실을 실천을 안 해봐서 모른다. 해보면 누구나 알게 된다. 핑계, 변명, 망설임, 계산 등 이러한 것들에 싸여 있어서 좋은 것을 보는 눈이 생기지 않는 것이다. 핑계, 망설임, 변명, 계산을 내려놓자. 그러면 내가 원하는 모든 것들이 따라온다.

목표를 확실하게 기한을 정해서 하면 더 좋다. 혼자 못 하면 같이 하는 사람을 찾는다. 그리고 나는 할 수 있다. 그도 하고 그녀도 하고 그들도 하는데 나라고 왜 못 하겠는가! 눈을 돌려보면 성공자들이 많다. 그들도 우리와 같은 생활을 하다가 생각을 바꾸고 변했다. 그들이 산 증거이다. 정확히 알려주면 그곳을 보라. 땅을 보거나 옆을 보면 내가 원하는 것을 찾을 수 없다. 그것이 진리라고 정확하게 알려주면 그곳을 보아야 이른 시일 이내에 찾을 수 있다. 계산, 망설임, 변명하며 사는 삶은 옆길을 보거나 땅을 보고 걷는 것과 같다.

감사하면 어떤 어려움이 오는 걸 감지할 수 있다. 그리고 알면 해결할 기회도 온다. 스스로가 포기하지 않으면 된다. 내가 포기하기에 안 되는 것이다. 남이 나를 포기하게 만드는 것은 아니다. 누구를 원망하는 것으로 인해 일이 되다가 마는 경우가 허다하다. 겸허히 실패를 받아들이고 '배웠습니다. 다음에는 이렇게 하겠습니다.'라고 말을 하면 내 생각을 바꿀 기회를 얻는다. 그것은 커다란 기회로 연결된다. 감사가 대세다. 먼저 감사를 찾는 생활을 하자. 작은 것도 좋다. 숨을 쉬어서 감사하다. 걸을

감사하면 보이는 것들

수 있어서 감사하다. 눈으로 볼 수 있어서 감사하다. 먹을 수 있어서 감사하다. 그리고 더 발전하여 불가능한 것도 감사하다고 항상 말을 해보자. 그러면 위대한 업적도 나올 것이다. 그것을 나는 아직 경험하지 못했다. 해본 사람들이 하는 말을 들은 것뿐이다. 한 차원 더 높은 감사도 해보는 것이다. 찾아보면 많을 것이다. 각자가 자기 세계를 만들면 된다. 이제는 보인다.

어려움이 온다고 포기하지 말자. 그것은 당신을 시험하는 것이다. 정말로 당신이 그 일을 할 것인지 확인하기 위해 온 것이다. 의지가 강하다면 끝까지 간다. 그래서 목표를 정하라고 하는 것이다. 목적이 거기면 어떤 형태로든 가게 되어 있다. 또 갈 수 있게 만들어주신다. 믿어라. 그러면 된다. 나는 즐거운 일만 생각하면 된다. 더 쉽다. 즐거우면 남들이 보기에 어떻게 그 일을 했느냐고 물어볼 것이다. 즐겁게 남을 도울 생각으로 목표를 정하고 데드라인을 확실히 정하면 위아래가 맞듯이 맞아 들어간다.

02

어떤 어려움이 닥쳐도 감사하다

/

정말이지 어떤 어려움이 와도 감사하다. 컴퓨터 운영을 잘하지 못해도 감사하다. 시간이 지나면 나는 컴퓨터를 더 자세히 알 기회가 오기 때문이다. 지금 타이핑을 하는데 문자가 안 된다. 그래도 감사하다. 극한 작업을 하고 있다. 틀리면서 지나가는 것 중 빠른 속도로 필요한 것을 건져낸다. 쓰레기들 속에서 다이아몬드 반지를 찾아낸다는 심정으로 글을 쓰고 있다.

나는 새벽에 일어나는 것을 힘들어했다. 새벽뿐만 아니라 아침에 일어나는 일도 어려워했다. 그런데 새벽에 근행을 보는 습관을 들이고부터는 잘 일어난다. 역시 근행이 진리다. 그리고 명상을 한다. 처음에는 이어서 하는 것이 힘이 들었다. 집에서 못 할 때는 밖에 나가서 했다. 주로 시댁이나 친정에 갈 때 또는 지금은 갈 수 없지만, 여행하러 다닐 때 아침에 일어나서 명상한다. 그러면 나보고 할머니 아니냐, 새벽에 잠을 자야지, 무엇을 하느냐 하고 물어본다. 그 정도로 나는 명상을 꾸준히 했다. 혹시 아침에 깜빡해도 저녁에는 했다. 그러면 나는 만족을 느끼고 잠을 잔다. 명상하고 나서도 잠을 잘 잤다. 감사가 기본적으로 들어가는 명상이어서 그렇다. 지금도 감사 명상을 하고 있다. 어머님이 병원에 입원하셨을 때도 명상을 했다. 그러면 "잠이 안 오니?" 하신다. 나는 말을 하지 않는다. 묵언 명상이다. 때때로 명상 중인데 방해를 하는 분도 있다. 중간에 말을 건다. 내가 명상하는 중이야 하면 웃는다. 그리고 '그래, 계속해.'라고 말하며 방을 나간다. 이러한 일들이 수시로 일어난다. 명상하면서 좋아진 점은 화를 내지 않게 성격이 변한 것이다. 나를 알아가는 중에 터득하게 된다. 정해진 틀을 만들어서 명상하는 것은 아니다. 잠깐 마음 쉼을 목표로 한다. 잡생각이 많다. 오만 가지가 올라온다. 기억하기도 어렵다. 그러면 그런 대로 한다. 그게 '나'이니까!

예전에 나는 애들 동화책을 읽어주면서 재미있게 하는 방법이 없을까 하고 생각하다가 동화구연을 배우게 되었다. 목소리로 연기하는 것이 신기했다. 지금은 경력단절로 중단하고 있다. 부모님을 도와주는 일로 멈추게 된다. 계속해서 해야 실력이 는다. 하지만 중단할 당시 친정엄마는 양성 종양으로 머리 수술을 해야 했고 시어머니는 치매 진단을 받으시고, 고관절 골절을 겪으셨다. 그때 어떻게 지나왔지 하고 한번 생각해본다. 내 사주를 내가 본 적이 있었다. 이것도 3개월 동안 도서관에서 줌으로 배웠다. 내가 나를 알고 싶었던 것은 오래된 소원이다. 몇 가지가 있지만 한 가지만 말하자면 나는 엄마의 병간호를 해야 하는 사람으로 나온다. 이 사주를 본 시점은 친정엄마와 시어머님이 병원에 입원하고 치료 및 원인을 모든 것을 알고 나서 한참 뒤에 본 것인데 어쩌면 이렇게 잘 맞을까. 병간호한 것까지 맞은 것이다. 그때는 이쪽저쪽을 왔다 갔다 하면서 챙겼다. 내가 감당할 수 있으니까 한 것이다. 시댁 식구들은 내가 친정엄마를 챙기니 시어머님을 챙기지 않는다고 생각을 한 듯하다. 나중에 결과를 보고 그 생각이 바뀌었지만 내가 할 일은 꼭 한다. 아무리 어려워도 그렇게 설계되어 있었다. 그래도 그 어려운 길을 지나올 수 있어서 감사하다.

나는 딸이 3명 있다. 장남에게 시집 와서 아들을 낳아야 한다는 생각이 있었다. 그러나 나는 딸이 3명이고 딸 부자이다. 아버님이 술만 드시면 아들이 없다고 족보를 버려야겠다고 남편을 만나면 말을 했나 보다. 나중에 막내 도련님이 아들을 낳았을 때 남편이 "아버지, 이제 족보 안 버려도 되겠어요."라고 한다. 막내 도련님이 아들을 낳은 건 잘된 일이다.

내 부담이 덜어졌다.

또 어머님을 통해 말을 하신다. 내게 아들이 없다고 아버님이 술을 드시면 말을 하신다는 것이다. 인력으로 안 되는, 아들 못 낳는 것이 내 탓인가! 우울증이 왔다. 부정적인 생각이 나를 지배한 시간이었다. 시골 동네 목사가 갑자기 방문했다. 그리고 나를 위로해준다. 자신의 아내도 아이를 낳고 우울증이 왔다고 한다. 내가 대한천리교 신앙을 해도 일반 기독교인 본인의 교회로 와보라고 한다. 방에만 있지 말고 밖으로 나오라고 한다. 개신교를 믿지 않았던 나는 그 말 한마디, 한마디가 고마워서 거부하지 않고 밖으로 나갔다. 그리고 교회를 방문했다. 인사만 하고 나왔던 기억이 난다. 집에 들어오니 "너 어디 갔다 왔니?" 하신다. 교회 갔다 왔다고 하니 쓸데없는 소리 한 건 아니냐고 하는 것이다. 그 쓸데없는 소리는 무엇인지 지금도 모르겠다. 마음의 감기를 겪는 며느리의 마음을 모르는 어머님! 당신 자신도 그런 삶을 사신 걸 안다. 불쌍한 영혼이시다. 깨달으셔야 편안하실 텐데 하고 생각한다.

어머님에 대한 안된 마음으로 나는 어머님을 이해해야겠다는 생각에 요양보호사 자격증을 땄다. 그리고 치매를 앓고 계신 어머님을 이해하기 시작했다. 그러고 나니 나는 마음의 평화를 얻었다. 정말 마음이 어려운 가운데 어머님께 도움이 될까 싶어서 한 일이 나를 한 단계 성숙시켜주는 감사한 일이 생겼다.

불면증의 밤을 보내다 새벽에 근행, 명상, 공부, 책 쓰기 등을 하고부터는 바빠지기 시작했다. 그래도 내가 할 일이 있다는 것에 대해서 감사하다. 그리고 부모님이 아직 살아계시고 내가 성공해서 용돈을 드리면 쓰실 수 있기에 아직도 늦지 않았다고 생각한다. 그동안 돈으로 용돈을 못 드린 점을 죄송하게 생각하고 있다. 오래 사셔서 내가 주는 용돈을 받으면서 쓰셨으면 한다. 그분들이 있어서 내가 있다고 생각을 한다.

아들이 없다는 생각을 버렸다. 딸들에게 내가 빚 갚을 일이 있다고 생각한다. 나는 평범하게 살 사람이 아니어서 나를 감당할 수 있는 딸이 있는 것이 좋다. 다만 우울증으로 딸들을 길러서 딸들에게 미안하다. 그리고 같이 살아줘서 고맙다. 마지막으로 사랑합니다.

03

만 번 말한 것은 현실로 이루어진다

/

성공한 자기계발서나 성공한 사람들은 성공하고 싶다면 절실해야 하며 변해야 한다고 말한다. 그리고 아무것도 하지 않으면 아무 일도 일어나지 않는다고 그들은 한결같이 말한다.

『독설』에 "꿈을 이루기 위해 개미처럼 허리를 졸라가며 일하지 마라. 자기암시, 즉 생생하게 꿈꾸기로 꿈을 끌어당겨라. 자기암시로 나를 대신해서 우주가 일하게 하라. 매일 매 순간 자기암시를 생활화하면 3년, 5년 후의 당신의 인생은 믿기 힘들 정도로 달라져 있을 것이다."라는 말이 나온다.

나는 성공을 했다. 행복합니다. 감사합니다. 미리 말해본다. 배운 대로 실천을 바로바로 하는 연습을 해본다. 꿈을 꾸면서 자기암시를 하는 방법을 명확하게 설명해주셨다. 이 글을 배우기 전에 나는 자기암시를 무의식적으로 한 적이 있다.

나는 서울 가락초등학교 1회 졸업생이다. 학교를 졸업하고 중학교는 청주에서 졸업했다. 초등 5학년, 6학년 시절 같은 반 아이가 나에게 물어보았다. "너의 아버지 이름이 뭐니?" 나는 "민 자 병 자 선 자 쓰셔." 했더니 "뭐 민병신?" 하는 것이다. 순간 욱했다. 남의 아버지 성함을 가지고 놀리다니. 그리고 그 시절에 내가 생각했던 꿈이 생각이 났다.

위인전을 많이 읽던 시절이라 역사관이 생기고 있었다. 일제강점기에 일본으로 가져간 유물이 많다. 그것을 돌려받아야 한다. 일본이 주려고 하지 않는다. '우리가 국력이 강해져서 여러분이 찾아와야 한다.'라고 어린 우리에게 담임 선생님이 말씀하셨다. 그 뒤로 나는 일본이 싫어졌다. 그래서 일제강점기 시험문제가 나와도 책을 읽을 수 없었다. 시험문제를 잘 틀리곤 했다. 일제강점기 이야기를 하라면 지금 거의 기억이 나지 않는다. 혹간 들어도 다시 잊어버린다. 원인은 일제가 가져간 유물이란 걸 깨닫는다.

내가 신앙하는 대한천리교는 발생지가 일본이다. 일본을 싫어하던 내가 일본에서 온 종교를 신앙하게 되었다. 인연이 있어서이다. 나도 처음에는 믿지 않았다. 그러나 신앙의 기본이 일본에 있는 것이 아닌 교조님의 가르침에 따라 생활을 하는 것이어서 정치와는 거리가 먼 것이었다. 이 사실을 알고 차츰차츰 익숙해져갔다. 그리고 천리교 발생지인 천리시를 방문을 하게 되었다.

그중에 기억에 남는 것으로는 천리박물관에 안견의 '몽유도원도'가 있다는 것이었다. 내가 갔을 때는 그림을 볼 수 없었다. 아무 때고 볼 수 있는 것이 아니라고 했다. 우리나라 유물에 관한 이야기를 일본에서 들으니 갑자기 애국심이 일어났다. 우리나라 것인데 왜 일본에 있나. 그것도 맘대로 구경도 못 하고. 그런데 천리박물관에서 몇 년 전에 한국에서 안견의 '몽유도원도'를 전시한 적이 있다고 한다. 그래서 네이버에 검색해보니 정말 있었다. 천리교에 있었기 때문에 한국에 전시할 수 있었던 것은 아닌가 하고 추측만 해본다. 천리교는 '서로 도우면서 즐겁게 지내자.'가 목표이다. 모든 사람이 신님의 자녀이기 때문이다. 그리고 천리교를 신앙하는 사람들은 이 사실을 안다. 이것도 한국에서 찾아와야 하는 유물이란 것을 안다. 유물은 빼앗은 것이라 돌려받을 수 있지만, 일제강점기 때 한국 사람이 유물을 팔았다면 그것은 돌려받기 어렵다고 한다. 안견의 '몽유도원도'는 돌려받을 수 있을까? 못 돌려받을까? 한번 생각해본다. 나는 성공을 하면 우리나라 유물을 찾는 데 힘을 쏟을 것이다. 도둑맞은 유물을 찾아야 한다.

요양보호사 자격증을 공부하고 있을 때는 막 코로나가 시작되고 있는 시점이었다. 그곳에서 나라 꼴이 말이 아니라고 말하면서 민비가 나라 통치를 제대로 하지 못해서 이렇게 되었다고 말을 한다. 나는 순간 "네, 제가 나라를 팔아먹은 민 씨 집안의 후손입니다. 죄송합니다." 하고 사과를 했다. 그랬더니 불만을 말하던 사람들이 더 이상 말을 못 하고 자리를 떴다. 이 사건으로 나는 내가 할 일이 무엇인지 명확히 알게 되었다. 정치에 관심은 없다. 머리가 아프다. 하지만 우리나라에 대해서는 애정을 갖고 생각을 한다. 한국 사람이라면 누구나 가지고 있는 애국심. 한국에 있을 때는 모른다. 외국에 나가면 알게 되는 것 그래서 그동안 나는 영어 공부, 중국어 공부, 일본어 공부를 하려고 열심히 달리고 있었다. 목표를 잊은 채로 세계적으로 진출하려고 한다. 그 시초가 나는 책 쓰기이다. 성공해서 책을 쓰는 것이 아니라 책을 써야 성공한다는 말이 내 맘에 들어온 이유 중 하나가 성공이다. 책을 쓰면 성공한다는 공식 따라 들어온다. 성공해서 돈을 벌고 돈을 벌어서 세계로 나가서 우리나라 유물을 찾는 데 일조를 하고 싶다. 지금도 우리나라 유물을 돌려받으려고 노력하고 계신 분들이 많다. 나와 연결되고 있는 것은 아니다. 마음속으로 응원을 하고 있다. 그분들과 같이하고 싶다. 그러려면 내가 그만큼 올라가야 한다.

그래서 〈한책협〉을 선택한 것이다. 매일매일 상상을 하라는 말에 나는

감사하면 보이는 것들

이러한 역사의식을 초등학교 다닐 때 이외에는 잊고 있었다. 슐리만은 『트로이의 목마』라는 책을 읽고 난 후 전설이라 생각 안 하고 몇 년간 찾아 나선 사람이다. 결국은 그 유적지를 찾았다. 우리도 이와 같은 마음을 먹으면 가능하다. 실제로도 프랑스에서 외규장각 의궤를 임대 형식으로 돌아오게 하지 않았는가. 프랑스는 약탈해간 기록이 있어서 증명되었지만, 일본은 일본 사람이 약탈도 했지만, 한국 사람이 팔아먹은 것도 있다고 한다. 그것은 돌려받기 힘들다고 한다.

성공하기 위해서 성공한 사람들을 모방하라고 한다. 그래서 나는 성공한 사람들이 명상하고 있다고 들었다. 그래서 명상을 선택했다. 명상에서 나는 '감사합니다'라고 말하는 것을 연습했다. 만 번은 넘을 것이다. 감사만 매일 하루에 30분씩 100일 중얼거렸다. '감사합니다'라고 말하는 것이 끝나고 나서는 '사랑합니다'라는 말을 매일 하루에 30분씩 100일을 중얼거렸다. 그리고 마지막으로는 '좋아집니다'라고 말하기를 100일 했다. 긍정의 단어를 매일 말하니 내 얼굴이 갑자기 예뻐졌다. 명상하기 전과 후가 달라진 모습이다. 사진을 찍어놓지 않아서 증명하기 어렵지만 나를 꾸준히 본 사람은 내 얼굴이 명상하기 전후로 달라진 것을 알고 있다.

성공한 사람들은 새로운 것이 있으면 즐겁게 배우려고 한다. 일할 때도 즐겁게 한다. 〈한책협〉 대표 코치님이 처음에 책 쓰기 과정에 들어가면 '재미있게 책을 쓰세요.'라고 한다. 역시 성공한 사람다운 말을 하신다. 나는 책을 쓰는 동안 나 자신이 브랜딩하고 있는 걸 알게 되고 즐겁게 받아들이려고 하고 있다. 모든 과정이 성공으로 가는 것을 알려주고 계신다. 처음에 이 뜻을 알 수 없었다. 지금은 책을 쓰면서 점점 알아간다. 왜 그렇게 말씀을 하셨는지. 이 말도 처음에 주이슬 코치가 한 말이다.

'지금 나는 굉장해! 마법 같은 일이 지금 일어나고 있어!' 하고 감탄사를 써서 말하는 것을 연습했다. 그 기분 좋은 감정을 가지고 싶어서 정말 가지게 되는 것을 경험했다. 이 문장을 쓰고부터 시작된다. 나는 타로를 본다. 그리고 〈한책협〉에서 배운 댓글을 달아보았다. 한 시간 뒤 '와우! 굉장해! 마법 같은 일이 지금 일어나고 있어!'와 같이 내가 단 댓글에 '좋아요'가 90명 가까이 눌려 있는 것이다. 나는 평소에 댓글을 달면 '좋아요'를 눌러준 사람이 두 사람이 최고로 많았다. 아! 그런데 이번에는 90이 순식간에 넘는 것이었다. 그래서 온종일 전날과 다른 댓글을 보고 또 보았다. 굉장했다. 아~ 댓글은 이렇게 다는 것이구나 하고 감탄을 한 날이었다. 진정성 있게 달아달라는 대표 코치님 말씀이 생각이 난다. 글에도 향기가 풍기는구나, 생각이 전달되는구나 하는 것을 알게 된 하루였다. 행복합니다. 감사합니다. 덕분입니다.

나는 모든 사람이 행복한 생활을 했으면 좋겠다. 한 사람 한 사람 즐거운 생활을 해서 마음이 살아 있는 감사 생활을 했으면 좋겠다. 내가 감사 생활을 하다가 이렇게 좋아진 경험이 있으니 누구나 할 수 있는 것이다. 쉽다면 쉬운 일이다. 내가 하겠다고 선택만 하면 된다. 안 되는 가운데서도 감사를 찾고 잘되고 있을 때도 감사를 찾으면 소원대로 감사가 쏟아져 들어온다. 누군가가 어떻게 그런 일을 하게 됐냐고 물어본다. 다들 부러움의 시선을 보낸다. 나는 '네, 그건 감사를 선택하면 됩니다.'라고 말한다. 질투, 망설임, 원망, 그런 것을 하기보다 먼저 감사를 실천하면 됩니다. 감사가 대세다. 외쳐본다.

04

감사 일기는 미래를 창조하는 주문이다

/

'일기' 하면 기억 속에 남겨진 사건이 있다. 일기는 자기와의 대화이다. 그래서 자기 이야기를 솔직하게 다 적어놓는다. 비밀까지도 그래서 보관을 잘해야 한다. 이 보관을 잘하지 못했는지 친구가 읽고 타인에게 공개했다. 본인이 창피한 일을 겪었다고 우는 경우를 보았다. 그때 나는 일기를 공개했다고 울기까지 할 필요 있을까 하고 생각을 했다. 그리고 느꼈다. 아, 그 사람이 일기 공개를 당하고 우는 경우처럼 나도 일기와 관련된 사건이 있다는 것을. 내 일기장은 지금은 이사를 많이 하면서 사라졌다. 내 기억 속에 일부 남아 있을 뿐이다. 일기를 쓰고 몇 달 뒤 다시 읽어보니 온통 부정적이고 생각이 많고 우울 모드가 있는 내용이었다. 그

감사하면 보이는 것들

생각대로 나는 학창 시절과 사회생활을 했다. 신기한 일이다. 내가 써놓은 대로 살게 됐다는 것이. 일기와 생각, 말이 삼박자가 맞아서 현실이 되다니. 생각도 조심해서 해야 한다. 새로운 것이 창조하는 세상이니 학창 시절 쓴 일기는 엄마와의 일화로 더 이상 쓰는 일이 없어졌다. 그 뒤로는 생각을 많이 하고 살았다. 많은 생각 중에는 부정적인 것도 있지만 긍정적인 것도 있었다. 나는 지금은 마음고생을 하지만 나이가 들면 더 좋아질 것이다. 나는 나이 들수록 좋아진다는 근거 없는 자신감이 나름 있었다.

천리교 신앙을 하면서 열심히 살던 중 미용사협회 다닐 때 알게 된 미용실 원장님을 만났다. 내가 먼저 인사를 하면서 말을 하니 처음에는 못 알아보시는 것이었다. 그래서 "미용사협회 민 양이요."라고 하니 그때야 "아…." 하면서 혀를 내두르시면서 "놀랠 노 자네."라는 말을 반복하신다. 나는 바빠서 그 자리를 벗어났다. 길에서 다시 만났을 때 또 혼자 놀랠 노 자네 하고 반복하시면서 지금 뭐 하고 있는지 물어보신다. "아, 저는 지금 천리교 신앙을 하고 있어요." 하고 답을 했다. 그리고 헤어지기 전 나보고 미용실에 놀러 오라고 말을 했다. 훗날 시간을 만들어 그 미용실에 가 대화를 하게 되었다. 나는 먼저 그분에게 감사하다고 말했다.

10년 전에 내가 힘들어할 때 그분이 일하고 계신 곳에 업무로 일이 있어 찾아갔다. 마침 늦은 점심을 먹고 있는데 내가 들어가니까 "민 양, 먹을 복 있다. 이리 와서 밥 같이 먹자." 하시면서 자신이 관상을 볼 줄 아는데 초년 중년부터 팔자가 좋아진다고 말을 해주셨다. 조금만 더 고생하면 좋은 일이 생길 거라며 열심히 살라고 하신다. 그래서 희망을 가지고 살게 되었다. 감사하다고 말을 하니 미용실 원장 선생님이 잠깐 생각을 하시다가 말을 이어갔다. 자신이 미용실 시다 생활을 하며 또 밑으로 사람들을 부리면서 많이 겪어서 얼굴을 보면 알게 되는 것이 있는데, 내가 그 당시 조만간 정신과 약을 먹을 얼굴이었다는 것이다. 그래서 위로 차원에서 말을 해준 것이라고 말씀하신다. 그런데 지금 얼굴은 10년 전에 본 얼굴이 아니니 자기가 깜짝 놀라서 반복해서 물어보는 것이라고 하는 것이었다. 나도 깜짝 놀랐다. 내가 그런 얼굴이었나…. 하지만 나는 10년 전이나 지금이나 정신과 약을 먹지 않을 뿐만 아니라 감기약조차 먹지 않았다. 약을 싫어했다. 그냥 몸으로 견디는 생활을 했다. 그분과 대화를 하면서 내가 마음을 잘 먹고 살고 선택도 잘하고 살았구나 하고 생각하는 계기가 됐다.

이분 말고도 천리교에서 만난 신자 한 분이 "요즘 민 양의 얼굴을 보면 민양집이 풀리는 걸 알겠어!"라고 말씀하시면서 부러워하시는 것이다. 천리교 신자가 이렇게 말하는 것은 당연하다고 생각했다. 왜들 그러시는 것일까 하고 고개를 갸우뚱했던 것 같다. 나는 그저 집안이 잘 풀리고 있

감사하면 보이는 것들

다는 말에 감사하다고 말했다.

생계를 위해 나는 '신기한 한글나라' 책을 판매하러 다녔다. 그리고 고등학교 때 친한 친구네를 찾아갔다. 책을 팔려고 하니 그 친구도 내 얼굴을 보고 달라졌다는 걸 알고 책을 살 수 없다고 했다. 이미 많다고 하면서 내가 학교 다닐 때 내게 '또라이'라는 별명이 있었다고 하는 것이다. 고등학교 친구마저 그 말을 하니 나는 그때야 내가 어두운 동굴을 지나서 왔다는 생각이 강하게 들었다. 그 친구는 책을 팔려고 하면 자기 집에 오지 말라고 강하게 말했다. 그 뒤로 그 친구를 만난 적이 없다. 나도 만나고 싶지 않았다. 단지 내가 변했다는 걸 다시 한 번 확인해준 사람으로 기억을 한다.

아이들이 어릴 적 이웃에 암웨이를 한 사람이 있어 냄비사용법을 알려주고 그릇을 판매하는 분이 있었다. 그날은 안경사분이 와서 내 홍채를 찍으면서 홍채에 건강 상태가 보인다는 것이다. 내 홍채를 읽으면서 최근에 머리가 아팠냐 하고 물어본다. 감기 걸린 적은 있는데 약 먹고 있는 것은 없다고 말을 하니 그럴 일이 없는데 여기에 깊게 머리가 아프다고 나오며, 그리고 오래됐다고 말을 했다. 거기 나온 대로 나는 원래 머리가 몹시 아팠을 사람이다. 그런데 천리교 신앙을 해서 마음을 바꾸고 약을 먹지 않아도 되는 삶을 감사하게 살고 있다고 말했다. 그리고 술을 먹으면 해독이 안 되니 같이 온 아기 엄마에게도 이 언니에게 술은 권하지 말라고 한다. 그 아기 엄마는 이 일화를 잊어먹었다. 나만 기억을 하고 있다.

　아이들이 어릴 때는 동네 아기 엄마들과 몰려다니면서 시댁에 대한 안좋은 말, 친정에 대한 부정적인 말을 하고 살았다. 그러던 어느 날 동네 아기 엄마가 아이들 학교에 마중 갈 때 같이 가면서 나에게 요즘 내 뒷담화를 하고 다니는 사람이 있다고 말을 한다. 그래? 그렇구나! 하고 흘려들었다. 이 엄마는 도저히 안 되겠는지 본인의 집으로 나를 불러서 아이들은 거실에서 놀게 하고 안방으로 나를 불러 자신은 의자에 앉고 나는 일어서 있는 상태로 말을 하게 한다. 그리고 직접 말을 한다. "언니가 내 뒷담화를 하면서 다닌다며?" 하고 확실하게 물어보는 것이다. 순간 머리에서 땡 하고 종이 울렸다. 나는 솔직하게 대답했다. 나랏님도 없는 데서는 뒷담화를 한다. 그래 내가 너의 뒷담화를 했다. 그렇게 인정을 하자 이 엄마는 "나랏님 뒷담화도 하지." 하고는 "알았어, 내가 잘못 알았나봐." 하면서 그만 가보라는 것이다. 와우, 나는 누군가에게 뒷담화를 했다고 문책을 받고 나온 것이다. 이 엄마를 또 훗날 길에서 만났다. 그리고 생각 없이 말한다. "언니, 또라이라며? 누가 그러더라." 하고 말을 하는 것이다. 그래서 나는 "그래, 난 또라이거든. 그런 나를 알아보는 너도 또라이다." 하고 말을 했다.

감사하면 보이는 것들

내가 말을 못 해서 안 하는 것이 아니다. 상대에게 말로 상처를 입히지 않게 조심하려고 노력했을 뿐인데 뒷담화는 안 좋다는 교훈을 나에게 안겨준 사람이다. 나중에는 내가 속으로 빨리 깨달으라는 신님의 뜻이었다는 걸 알게 됐다. 나는 오전에는 다이소에서, 오후는 요양보호사 일을 하고 있다. 그래서 동네 사람이나 도서관에서 만난 사람, 내가 알던 사람들 모두 만나지 않고 있다. 전화 통화도 극소수만 한다. 요양보호사 대상자분이 있는데 사적인 일로 전화를 하면 좋은 모습이 아니어서 전화도 거의 안 하고 살았다. 그런데 위의 아기 엄마가 전화했다. 아이 문제로 고민이 있다고 물어볼 게 있다는 것이다. 그래서 나는 지금 바쁘니 일이 끝나고 집에 가서 전화하겠다고 말하고 끊었다. 그리고 저녁에 와서 전화를 걸어보니 나에게서 다른 사람의 전화번호를 알아내려는 의도였다. 말을 잘못하면 또 다른 불씨가 생길 것 같아서 나는 그 사람 전화번호 가지고 있지 않으니 당신이 알아서 찾아보라는 뜻을 전했다. 좋은 일에 쓰면 알려주는데 또 시비를 걸 것처럼 보였다. 감사 생활을 하다 보니 예전에는 보이지 않던 사람들의 마음이 보인다. 그리고 평화롭게 지내는 것이 나의 또 다른 목표다.

매일 정신세계에서 시달림을 당한 사람이다. 고요를 원하기도 하지만 내가 받은 은혜가 많아서 내 지식으로 남에게 주는 사람이 되어야겠다는 생각을 하고 있다. 방법은 모른다. 그냥 순리대로 가게 둔다. 어딘가 내 뜻과 맞는 사람이 있어 같이 할 수 있지 않겠는가 하고 생각한다. 나는 완벽한 사람이 아니기 때문에….

　미용실 원장의 말 한마디가 나를 살리고, 친구들과 안 만나지만 그들의 말 속에서 나는 정신과 약을 먹을 사람이었지만 먹지 않아도 잘 살고 있다는 걸 확인했다. 동네 아기 엄마들과의 대화는 뒷담화는 안 좋은 것을 불러들인다는 사실을 알게 되는 계기도 되었다. 지금은 그 모든 것이 나의 경험이 되어 또 따른 세계로 들어가려 한다. 내가 도움을 받았듯이 나도 내가 필요하다는 곳에서 내가 겪은 일로 남에게 도움이 되는 사람이 되고 싶다. 그것만이 내가 받은 은혜를 갚는 것으로 생각한다. 감사 일기를 적을 때 나도 마음이 어려운 사람들을 도와주고 싶었다. 그리고 행복했다. 나는 나 자신이 멋있다고 생각한다. 많은 어려움이 있었지만 나는 내 느낌을 믿고 살아온 나 자신을 칭찬을 해줘야겠다.

감사하면 보이는 것들

05

남이 아닌 나의 경험으로 삶을 바라보라

/

위인전기를 읽어본 적이 있는가? 나는 세계 한국 위인전집을 30권 되풀이해서 읽었다. 시간이 나면 반복해서 보고 보다가 지치면 책으로 도미도 게임도 하고 엄마에게 꾸중을 들으면 위인전기를 읽곤 했다. 위인들의 삶을 생각하면서 때로는 혼자 울기도 했다. 그런데 그것이 재산이 되었다.

내 어린 시절, 어느 날, 충격을 받으며 잠을 깼는데 그다음 아이 울음소리가 들렸다. 그것이 무엇인지는 50세가 되어서 알게 되었다. 예전에는 집에서 아이를 낳았다. 엄마가 막내를 해산할 때 나는 잠을 자고 있었다고 한다. 아기를 출산하는 순간 너무 힘들어서 나를 발로 찼다고 한다. 그리고 막내를 낳았다. 내가 아파서 잠에서 일어났으며 동생이 태어난 것이다. 그 동생은 똑똑했다. 큰동생이 10원을 가지고 있고 막내동생은 100원을 가지고 있었다. 그 돈 나랑 바꾸자 하니 한참 생각을 해보더니 안 된다고 하며 엄마가 자기에게 준 거니까 이건 자기 것이라고 거절했다. 그때 나는 어린 동생도 생각을 한다는 것을 알게 되었다. 나는 돈을 바꾸는 데는 실패지만 동생의 똑똑함에 감탄을 한 기억이 난다. 지금도 동생은 존경스러운 행동을 하고 있다. 더 잘되서 살았으면 좋겠다. 그래서 그런지 대학 공부를 하고 싶으면서도 동생들을 위해 나는 양보를 했다. 동생들이 공부를 훨씬 잘하기 때문에 필요한 사람이 공부하게 해야지 하고, 그리고 죽고 싶다는 아버지를 더 살게 해서 동생이 잘되는 모습을 보고 싶기도 했다.

나는 대학 공부를 양보했다. 못 배운 게 후회는 되지만 동생이 배우는 것은 응원했다. 내 행동과 말이 그렇게 보이지 않았다는 걸 안다. 부모를 원망하는 가운데 한 행동이기 때문이다. 원망은 했지만 부모님을 살리는 것은 해결했다. 나는 동생을 응원한다. 양보는 했지만 포기가 안 돼서 방송대를 공부했고 그 뒤로 멈추지 않고 나를 갈고닦는 데 투자를 했다. 내가 할 수 있는 현재에서 최선을 다했다. 그 힘을 나는 위인전기를 많이 읽어서 생긴 능력이라고 생각했다. 위인들은 하나 같이 안 되는 가운데

감사하면 보이는 것들

서 본인의 신념 하나로 업적을 이루었다. 그 기억이 내 잠재의식 속에 있었던 것이다. 나는 나의 길을 찾고 싶고 항상 생각했다. 내가 그렇게 생각하면 반대 의견도 항상 들었다. 다른 사람의 말을 들어보다가 이건 아닌데 하는 경험은 수도 없이 했다. 이제야 잠재의식에 남의 경험을 넣은 것이 부정적으로 비친다는 말이 생각이 난다. 아, 그렇구나! 내 경험이 첫째지!

두 번째는 천리교 신앙이다. 나는 초등학교 때부터 귀신에 쫓겼다. 매일 잠을 잘 수가 없었다. 맹한 것은 기본이었던 듯하다. 잠만 자면 무서운 형상이 나를 쫓아온다. 그 꿈은 20세가 되어서도 계속됐다. 잠을 못 자면 수련이 되어 있지 않은 이상 항상 날이 서 있었다. 살고 싶었다. 아직 나이도 어린데 좋은 것도 많은데 이렇게 보이지 않는 세상에서 나를 쫓아다니는지 누구에게도 말할 수 없고 말해도 믿어주지도 않았다. "네가 기가 허해서 그래." 하며 고기 반찬을 내놓으신다. 그리고 한약이나 사주신다. 배 속은 찼지만 마음은 허전하다.

공유토지 분할 사건으로 나는 무당이나 교회를 찾아다녔다. 해결을 보고 싶었다. 언제까지 이런 일에 끌려다닐 것인지 나 자신이 너무도 불쌍하기도 했다.

그리고 제사라는 말을 듣고 그 세계가 있는지를 알았다. 나의 조상 중에 한 분이 계시는데 그분은 신내림을 안 받고 남을 풀어주고 다니시다가 돌아가셨다. 가족들이 궁금해서 물어보러 다니면 꼭 그분이 나오신다. 항상 나를 잊지 말라고 하신다. 그 할머니를 나는 만나 뵌 적은 없다. 나의 가슴속에 살아계신다고 생각한다. 제사를 지내고 그다음 날 꿈을 꾸었다. 넓은 논에 물이 가득 황소가 커다란 물고기를 입에 물고 크고 맑은 눈으로 나를 똑바로 본다. 살다 살다 쫓기는 꿈을 꾸었지만 이렇게 좋은 꿈은 처음이다. 마음이 너무 좋았다. 조상에게 제사 지낸 일이 이렇게 돌아오다니 감사한 일이다. 그리고 나는 천리교에 전도되었다. 내 생각이 옳다고 살아온 나는 신앙을 찾을 사람이 아니었다. 그런데 또 꿈속에서 할머니가 이곳으로 오면 좋다고 손짓을 하신다. 그래서 아무것도 모르고 신앙을 했다. 내가 할 수 있는 것은 다 했다. 신님은 어려운 일을 시키지 않는다. 감당할 수 있는 일만 시킨다고 하신다. 그래서 그 말을 믿고 할 수 있는 것은 다 했다. 결과는 아주 많았다. 가정에 평화가 찾아오는 것이 기본이요 내 얼굴은 활짝 펴져서 50이 넘는 나이에도 이쁘다는 소리를 듣는다. 더 많은 일이 있지만, 생각이 안 난다.

세 번째는 천리교 선생님이 내가 성실하게 신앙하는 모습을 보시고는 내게 유튜브에 정보가 많고, 선생님도 『허공의 놀라운 비밀』 책을 샀으며. 책을 좋아하는 나도 한번 읽어보라 하신다. 그리고 김도사님 말을 들어보라고 했다. 책을 쓰면 좋겠다고 권유도 해주셨다. 그분은 생각나면 한번 읽어보라고 하며 틈틈이 『허공의 놀라운 비밀』을 권했다. 책을 좋아하는 나는 〈김도사TV〉는 안 보고 책만 보려고 했다. 시중에서는 책을 구할 수 없다. 그러나 도서관에 가서 찾아보니 한 권이 있었다. 행운이라 여기며 읽어보았다. 그런데 내용이 안 읽힌다. 그때부터 다른 책들도 안 읽혔다. 선생님께 책이 요즘 안 읽힌다고 했다. 그리고 구직 활동을 하고 돈을 모으기 시작했다. 내 이름으로 된 저축이 하나도 없었다. 그래서 자존감이 낮아진 상태였다. 그러던 12월 22일 유튜브 연관 검색에서 〈김도사TV〉를 보고 책을 써야 성공을 하지 성공해서 책을 쓴 것이 아니라고 하는 멘트가 훅 들어온 것이다. 아, 그 선생님이 들으라고 했던 것이 이것이구나! 나도 모르게 바로 카페에 가입하고 있었다. 내 때가 된 것이다. 가입한 것도 잊고 있을 때 요양보호사 일을 하고 있었다. 주이슬 코치가 전화해서 일일 특강 들어보라고, 기회가 좋다고 밝은 목소리로 말했다. 마음속으로는 좋지만 가능할까 하는 생각도 하면서 일단 들어보자, 내가 하고자 하면 길이 있겠지 하고 시작했다.

일일 특강으로 나는 빨려가듯이 5주 책 쓰기 과정을 등록했다. 어 하는 사이 제목, 목차, 꼭지, 제목 다 잡아주셨다. 신기하고 재미가 있었다. 그다음은 뭘 하지 하는 사이 출판사 계약까지 갔다. '응, 나 작가 되는 거야?' 나는 내 눈앞에서 일어나는 일을 믿을 수 없었다. 그렇지만 책을 쓰고 싶은 마음은 있었다.

누가 나에게 알려주면 할 수 있다는 자신감이 생겼다. 그것이 〈한책협

〉이었다. 생각의 씨앗을 뿌린 기억이 난다. 조앤 롤링도 이혼했고 아이가 어린데 상상의 힘으로 글을 써서 세계적인 베스트셀러 작가가 되었다고 한다. 나도 내 이야기를 책에 써서 베스트셀러 작가가 되면 내가 하고 싶은 모든 것을 할 수 있겠다. 상상만 해도 재미있고 그냥 기분이 좋았다. 더불어 한 권 더 쓰면 좋겠다. 한 권이 성공하면 다른 것은 뒷받침해주는 책으로 하면서 상상의 나래를 편 적이 있다. 생각만으로도 행복했다. 그걸 이제야 기억하는 나다. 나 혼자 잠재의식 속에 심어 넣은 것 같다. 그래서 무의식적으로 누군가를 닮으려고 노력했던 듯하다 위인전기를 보고 위인들의 삶을 사는 것처럼 사람은 생각대로 산다는 말이 있다. 내 생각은 내가 성공해서 다른 사람들에게 이 세상은 그래도 살 만한 세상이다를 알리고 싶다. 비 온 뒤 땅이 굳는다고 한다. 어떤 어려움에 쓰러지지 말고 실패를 경험 삼아 다음에 더 잘할 수 있을 거야 하고 자신을 단련하면 또 다른 기회가 온다는 사실을 안다.

사람들은 행운이 왜 나에게 안 오느냐고 불평을 한다고 한다. 그런데 행운의 신이 말하기를 "나는 분명히 주었다. 그런데 사람들이 못 찾아가는 것이다."라고 했다. 그 이유는 행운의 신이 행운을 불행과 묶어서 던지면 사람들은 불행을 먼저 풀어보고 '나는 안 돼.' 하고 놓는다고 한다. 개중에 불행을 풀다 보면 행운이 들어 있는 데까지 간 사람은 운이 좋다고 한다. 좋은 것은 나쁜 것과 같이 들어온다. 잘 참고 넘기면 언제이고

감사하면 보이는 것들

행운이 온다는 사실이다.

나의 책 쓰기 과정은 처음에 휘청했다. 이게 복인 줄 모르고 바로 흘려 들었다. 그러다가 카톡 차단한다는 말에 '어, 이게 아닌데. 나는 책을 써야 하는데. 시작한 지 얼마 안 돼서 이러면 안 되는데.' 하고 반성하고 도사님께 사과의 글을 올렸다. 목숨 걸고 코칭을 하신 분인데 그 목숨이 얼마나 소중한데 나는 그것을 흘렸을까 죄송한 마음뿐이다. 나에게 책 쓰기 코칭을 해주신 분에게 이런 대접을 하면 안 되는 것이다. 반성합니다. 매일 좋아지면서 책 쓰기가 잘되니 사과의 글도 진정성이 생긴다. 감사한 일이다. 나는 매일 좋아지고 있다.

사람들에게 한 줄이라도 내 경험담을 써서 그들에게 도움이 된다면 나는 그것으로 내가 할 일을 했다고 생각한다. 아무리 말에게 물을 먹이려고 물가에 갖다 놓아도 물을 먹지 않으면 소용이 없다. 나는 누가 주는 물을 잘 받아서 먹은 사람이다. 그래서 생각의 전환이 빨리 되었다. 말을 들어보면 진심을 알게 된다. 느낌이 있다. 그러면 그 사람의 말을 들어보고 머릿속에 넣어 두었다가 필요하면 꺼내서 쓴다. 그게 내 장점이다.

06

/

매일매일 모든 면이 좋아지고 있다

/

　나는 매일 모든 면에서 좋아지고 있다. 이 말은 누구나 하지만 나는 귓전명상센터에서 들었다. 내 성격은 불교적인 성격이 많은 듯하다. 그렇다고 불교를 신앙하지는 않는다. 타산지석이다. 좋은 것은 내 것으로 만들면 된다는 마음으로 생활을 해오고 있다. 한문과 중국어 공부를 하면 중국의 위대한 사상가와 우리나라 조상의 지혜를 많이 알 수 있다. 축약된 글이기 때문이라는 생각이 든다. 그만큼 말과 글은 중요하다.

　가족과 대화를 못 하는 나는 반성은 했지만, 이 방법을 몰라서 기도했다. "방법을 알려주세요." 하고 그런데 교회 선생님이 귓전명상센터가 있으니 들어보고 딸과 잘 지내시기 바란다는 기원을 하셨다. 그래서 그길로 명상센터 카페에 가입했다. 카페 활동은 전혀 하질 못했다. 그러나 꾸준히 방송하신 걸 듣는다. 말씀하시는 것이 편안하다. 그리고 그분이 보내는 영상에서 명상하는 법을 배웠다. 삼 년 천 일 명상에 나는 도전했다. 그분이 하시는 데로 천천히 따라갔다. 하다 보니 내가 매일매일 좋아지고 있었다. 큰딸과 대화가 풀렸고 쌍둥이 딸도 나름 풀리고 남편과는 점점 좋아졌다. 그리고 부모님 시부모님과도 좋아졌다. 예전에 내가 말을 하면 "뭐 개똥 같은 철학이야." 하고 무시하곤 했는데 지금은 재미있어하시면서 나의 말을 듣고 계신다. 모두 명상 덕분이다.

삼 년 천 일이 끝나는 날에 나는 〈한책협〉 카페 회원가입을 했다, 그리고 카페 활동 경력이 없어서 카페에 들어가는 걸 어려워했다. 핸드폰에 깔리지도 않고 무척 당황스러웠다. 허둥지둥하는 모습이다. 나중에 실수하고 나서 문의를 해서 카페에 들어가 내 가입 인사를 읽어보았다. 아무것도 없이 이름만 덜렁 있었다. 그리고 댓글이 달려 있는데 내가 답변한 건 없었다. 맞다. 나는 카페에 들어갈 수 없었다. 그래도 포기할 수 없었다. 칼을 뽑았으면 무라도 베라는 말이 있다. 해보자. 내가 언제 다 알고 시작을 했던가. 그냥 하는 거지 하는 마음으로. 그리고 깨달았다. 나는 부모에게 의논한 적이 없었다. 모두 나 혼자 결정하고 통보하는 식으로 살아왔다는 사실을 깨달았다. 왜냐하면, 내가 하겠다고 하면 부모님은 반대했기 때문이다. 이것도 무의식에서 내가 반대를 많이 했다는 증거이긴 하다. 욕심을 갖지 말라고 하신다. 왜 욕심을 가지면 안 되는지 당신 자신의 안 된 일만 말을 해주신다. 아버지는 초등 때 항상 1등을 하신 분이다. 중학교 다니던 중 집에서 학자금을 주지 않아서 학업을 중단했다. 내가 영어를 조금만 알았더라면 이렇게 고생은 안 했을 것이라고 가끔 말씀하신다. 그러면 나는 "아버지, 지금도 배울 수 있어. 마음만 먹으로면 주변에 널려 있어." 하고 말씀드린다. 그러면 "이 나이에 무엇을 하니? 돈이나 모아서 내가 어떻게 죽을 건가를 생각해야지."라고 말씀하신다. 답답했다. 문화센터에 가서 배우면 되는데 왜 안 된다고 말을 하시는지. 고개만 조금 숙이면 무엇이든 되는데 안타까웠다. 그리고 부모님 원망을 하신다. 부모를 잘못 만난 내가 이렇게 된 것이라고 원망하신다. 나는 아버지를 살린 경험이 있으므로 아버지는 마음속 말을 나에게 하신다. 친할아버지가 그 어머니 돌아가시면서 무슨 이유인지 충격을 받아서 머리가 돌아 정신과 약을 드셨다. 그 과정에 할아버지가 어느 날 화가 나서 아버지 목에 낫을 가져다 대면서 죽인다고 말을 했다. 그래서 아버지는 "아버지가 주신 목숨인데 가져가세요." 하고 가만히 있으니까 그제야 할아버지가 정신이 돌아오시면서 낫을 던지더라는 것이다. 아버지도 부모님 생각은 하신다. 아버지 입장에서는 최선이었다.

아버지 시대는 6.25가 있고 그저 돈을 벌어야 먹을 수 있는 세대였다. 위로는 받들고 아래 세대에게는 등 돌림을 당하는 세대이다. 어떤 어르신이 아버지 세대에게 사과하고 싶다고 한다.

'못 배우고 못 먹고 못 입고' 3고를 다 가지고 있는 세대라서 미안하다 한다. 그래서 음식이 있고 집이 있는데 왜 불행하냐고 하는 말을 하시는 것이다. 나는 그것에 부족을 샀던 기억이 있다. 하지만 지금 시대와 맞지 않는 말이다. 지금은 물질이 많다. 선택만 하면 된다. 아버지를 이해하고 나서 아버지가 더 좋아지는 방법이 있을까 하고 생각한다. 그러다가 '부모님은 그렇게 살게 두세요. 간섭하면 아버지 삶이 부정을 당하는 것과 같다.'라는 말에 나는 아버지에게 알려주는 걸 멈추기 시작했다. 그리고 그 시간에 나에게 투자했다. 어떻게 하면 더 좋아질까?

나는 매일매일 좋아지고 있다. 잠재의식에 심어놓은 날로부터 정말로 매일매일 좋아진다. 표정이 바뀌고 행동이 바뀌고 사람들과 말하는 것이 바뀌고 한다. 남을 도와주고 싶다.

어느 날 비가 살짝 오고 있었다. 요양보호사 일을 마치고 집으로 돌아오는 중 횡단보도를 건너려고 하는데 미친 할머니가 다가와 중얼거리면서 나를 향해 다짜고짜 때리는 것이다. 가만히 있었다. 그리고 마스크를 잡아채는데 입까지 손톱으로 긁어놓은 것이었다. 그래서 나는 소리를 외쳤다. "그만해!" 그러자 할머니는 내 목소리에 잠깐 멈칫하더니 다른 길로 가버렸다. 예쁘게 차려입은 여자 한 분이 나보고 저 사람 아는 사람이냐고 물었다. "나는 오늘 처음 본다. 모르는 사람이다."라고 말했다. "내가 눈을 보니 미치셨다. 제정신이 아니다. 눈을 보면 알 수 있다. 피하셔야 해요. 그렇고 힘으로 맞설 수 없으니까요. 그리고 걱정해줘서 고마워요." 하고 헤어졌다. 집으로 돌아와 놀란 가슴을 진정시키는데 딸이 들어오더니 "엄마, 나 어떤 할머니가 내 등을 때렸어. 가만히 가고 있는데 내 앞에 남학생도 때리고 나도 내가 피했는데 쫓아와서 때리고 갔어." 하는 것이다. 모녀가 동시에 한 할머니에게 맞다니! 황당한 일이다. 그 사건으로 나는 딸과 대화를 더 깊게 하게 되었다. "엄마는 그렇게 생각하는구나! 나는 그렇게 생각 안 해." 하면서 자기 생각을 말로 하는 것이다. 평소에 딸들이 자기 생각을 말로 하지 못한다. 내가 기회를 주지 않고 말을 하는 버릇이 있다. 그걸 잡아주는 계기가 되었다. 등과 입술은 아팠지만. 그래도 대화를 하는 법을 더 배울 수 있어서 좋았다. 기도한 대로 딸과의 대화가 된 것이다. 매일매일 좋아지는 경험을 또 했다.

책 쓰기를 할 때 집중을 해야 잘 써진다. 그런데 중간중간 식구들이 말을 한다. 나는 식구들에게 책 쓰기를 한다고 누구에게도 말하지 않고 있다. 출판되면 말하려 한다. 응원과 반대의 소리를 식구들에게 듣고 싶은 마음은 없다. 내 인생은 식구라도 관여할 수 없다는 사실을 배웠다. 책 쓰기에 집중하고 있을 때 딸이 말을 한다. 그러면 그중에 한 개만 답을 하고 가만히 있는다. 그전 같으면 주저리주저리 내 지식을 자랑했다. 싫

감사하면 보이는 것들

어한다. 다음에는 대화를 안 하고 성질을 내고 간다. 아! 이게 아닌데. 그런데 나는 빨리 해야지 하는 조급함도 없고 천천히 써가게 되면서 대답도 잘하는 나 자신을 발견하고는 어라! 나 그전보다 좋아졌네 한다. 말의 조절 능력이 생기다니, 천금을 주고도 못 하는 건데, 이렇게 감사할 수가…. 매일매일 좋아지고 있다. 남편이 옷을 찾는다. 그러면 가서 옷이 있는 위치를 알려준다. 그래도 못 찾으면 거기 어디 있어 하고 다시 알려준다. 결국, 찾게 되는데 "왜 예전에는 여기 있었는데 지금은 여기다 뭐?" 하는 것이다. "응, 같은 장소에 놓으면 좋지만, 옷장이 좁아서 공간이 생기면 아무 곳에 넣을 수 있잖아." 하고 말을 해준다. 그러면 "그럴 수도 있겠네." 한다. 와우! 대박! 남편과의 대화가 이렇게 매끄럽게 가다니. 바로 내가 원하는 것이었다. 이제 명확하게 되어졌다.

우리 가족은 5명이다. 출근이나 등교 시간이 되면 화장실 전쟁을 한다. 거기다 내가 배가 아프면 재촉을 한다. 짜증과 재촉의 연속. 아, 이럴 때 화장실이 2개 있는 집으로 가고 싶다. 내가 사는 집도 좋지만 한 번쯤 이사하고 싶었다. 그래서 저축도 열심히 하고 있다. 그러나 집이 먼저가 아니다. 책 쓰기에 투자하고 있다. 우선은 마음의 집을 먼저 짓고 다음은 형태가 보이는 집을 산다. 지금 나는 마음의 집을 잘 짓고 있다. 〈한책협〉을 만나 여기저기 수리도 하고 새로 만들 것은 새로 만들고 하고 있다. 결과는 출판하면 알게 될 것이다. 기대된다. 내가 집을 어떻게 짓고 있는지. 편안한 집은 당연할 것이다. 왜냐하면, 내 마음이 편안하니까!

　아무 생각 없이 모든 것을 흘러가는 그대로 하다 보니 내가 소원하는 대로 이루어져 있다. 정말 좋다. 생각도 안 하니 편하고 잠을 4시간 자도 피곤함이 없다. 이게 되네! 집중하니 책이 써진다. 이렇게 행복할 수가! 돈을 주고도 못 사는 행복을 얻었다. 나는 역시 책을 쓰고 싶었던 것이다. 파란만장한 사람만이 글을 쓴다는 생각을 버렸다. 파란만장하지 않은 사람도 남을 도와주고 싶다는 마음만 있다면 다 할 수 있다. 평범함이 비범함을 얻은 것이다.

　감사하기가 따뜻한 말이어서 내가 연습을 했는데 우주에서 응답했다. 감사한 일이 폭포수처럼 쏟아진다. 나는 그것을 흠뻑 맞고 있다. 이것이 내가 입고 싶었던 옷이다.

감사하면 보이는 것들

07

나는 매일 감사의 기적을 경험하고 있다

/

감사하면 좋은 것들이 온다. 성공과 명성, 돈이 차차로 따라서 온다. 나는 성공을 원한다. 부모님이 매일 한탄하신다. 자식들이 하나같이 어렵게 산다고, 내가 벌어서 줄 수 없는데 하신다. 그러면 나는 "엄마, 나는 성공을 반드시 할 거거든. 그러면 엄마에게 맛있는 거 사줄게. 오래 살아. 그리고 나중에 내가 주는 용돈 받아줘. 건강하게 살아 있어야 내가 성공하면 용돈을 주지." 하고 말하곤 한다. 엄마는 불평을 하다가 "너나 잘살면 되지, 내게 줄 것 없어." 하신다. 그리고 기분도 좋아 보이신다.

예전에 컴퓨터 모니터가 고장이 나서 TV를 화면으로 쓰고 있을 때 친정아버지가 우리 집을 방문했다. 내가 컴퓨터를 불편하게 보고 있으니까 안돼 보였는지 컴퓨터를 사주신다고 하는 것이 아닌가. 믿기 어려운 일이 생겼다.

우리 아버지는 짠돌이다. 초등학교 때 아파트 앞에서 놀고 있었다. 아버지가 서울에 가신다는 것이다. 그래서 나도 같이 가자고 말을 하니 사진만 찾으러 갈 거야 하신다. 그래도 나는 서울을 구경하고 싶은 마음에 괜찮으니 같이 가자고 해 따라갔다. 정말 아버지는 사진만 찾아서 돌아왔다. 길거리 어묵이 먹고 싶었는데 돈 없어 하시며 그냥 왔다. 그날 기억은 '아버지 짠돌이 나 어묵 먹고 싶은 나. 서울에서 본 것은 기억에 없음.' 세 구절로 정리된다. 그런 분이 나에게 컴퓨터를 사주신다고 한다. 정말 컴퓨터를 선물 받았다. 감사한 일이다.

천리교 신앙을 만나게 해준 언니에게 마음을 어디 둘 곳이 없다고 말했을 때 나는 언니가 말하는 신앙을 선택했다. 불교나 기독교처럼 많이 알려진 종교는 아니지만 가르침은 훌륭하다. 인간은 남이 아니다. 서로 도우며 즐겁게 지내는 것이 신님이 바라시는 세계를 이루자는 것을 목표로 열심히 신앙하신 분들이 많다. 그곳에서 나는 많은 것을 배웠다. 아낌없이 주는 분도 만났고 알려주시려고 노력하는 분도 만났다. 나는 행운아이다. 마음의 평안뿐 아니라 건강도 수호받았다. 제일 먼저 받은 것은 내 피부이다. 나는 얼굴이 시커멓고 여드름이 많았다. 신앙하는 중 피부

감사하면 보이는 것들

를 깨끗하게 수호를 받았다. 선생님들의 말씀은 내가 평소에 '돈. 돈. 돈.' 하고 살아왔다는 것이다. 맞다. 돈이 없으면 어떻게 하지, 이 돈을 쓰면 다음에는 어떡하지 하고 늘 고민했다. 돈을 모아야지 생각은 했지만 모여지지 않고 나갈 일만 생겼다. 성실한 성격에 그걸 못 견디곤 했다. 왜 나만 돈이 없는 거야 하고 원망을 했다. 돈이 나가는 건 이유가 있다. 내가 가질 수 있는 마음이 아니라는 생각의 전환을 가져오면서 피부가 좋아지는 수호를 받은 것이다. 어떤 신앙이든 기적은 있다. 그러나 원인을 알려주지는 않는다. 그저 기도하면 된다고 말한다. 나는 그런 종교는 원치 않는다. 깨닫고 실천하는 종교가 좋다. 모험정신이 나름 있기 때문이다. 천리교는 그걸 가르쳐준다.

다음으로는 관절이다. 무릎을 꿇을 때 내 관절이 굽히지 않는 것을 알게 됐다. 어린 나이인데도 관절이 안 좋았다. 그런데 근행을 두 달 한 어느 날 생각해보니 무릎이 굽히는 것이다. 신기했다. 아프다고 생각했던 다리가 이렇게 좋아진다는 것에 그저 감사했다.

커피를 아침에 한잔이라도 마시면 그날 저녁에는 잠을 못 자는 사람이었다. 그런데 마음을 바꾸고부터는 커피를 2잔 이상 마셔도 잠만 잘 잤다. 나는 한곳에 집중하면 다른 것을 잊어버린다. 아마도 바쁜 신앙생활을 하던 중 어떤 생각도 하지 않고 잠을 자는 것이 되어서 쉽게 잠을 잔 듯하다. 그만큼 나는 불면증이 심했다. 나를 괴롭히는 생각들. 모든 그것이 신앙하면서 감사하게 됐다.

나는 아침저녁으로 100일 근행을 보는 것을 마음먹은 적이 있다. 열심히 하던 98일째 되던 날 친구가 자기 친정에 갈 일이 있는데 갔다 오면 오늘 중으로 올 수 있다 하면서 같이 가자고 했다. 오늘 온다는 말에 나는 저녁 근행은 볼 수 있으리라는 마음에 오케이를 했다. 그날 제천에 내려가서 개인적인 일을 해결하고 있는데 그 친구가 아무래도 오늘 밤 여기서 자야 하나 하는 것이다. 그래서 나는 속으로 '어, 나 100일 근행 봐야 하는데 오늘이 98일인데 빠지면 안 되는데.' 하면서 친구가 자고 가자고 조르자 이 일도 신님의 가르침이라 생각하고 순순히 "알았던 네 말 대로 할게." 하고 대답했다. 그랬더니 그 친구가 잠깐 생각을 해보더니 "아니다. 그냥 이제 집으로 가자." 하는 것이다. 그 순간 친구가 마음을 바꾼 것이다. 그리고 나는 100일 근행을 해냈다. 목표를 다 하고 나서 나는 더 감사한 일이 생겼다. 내가 원하는 모든 것들이 좋아졌다. 더불어 가정도 편안해졌다. 감사한 일이다.

수양송 2절 "잠깐 이야기 신님의 말을 들어다오 이 세상 땅과 하늘에 본을 받아서 부부를 점지했었으므로 이것이 이 세상에 시초이니라 나무 천리왕님이시여"가 있다. 부부가 첫째라고 말한다. 그러나 나는 결혼하기 싫었다. 왜냐하면, 결혼해서 사는 삶이 좋아 보이지 않았다. 부모님조차도 서로 잘못 만났다 한다. 부부싸움을 하고 나서 엄마는 아버지를 많이 닮은 나를 때렸다. 내 감정은 슬펐다. 누구는 애가 없어서 기도하는데 누구는 애가 많아서 싫다고 한다. 차라리 낳지를 말지 하는 생각을 많이 했다. 부부가 매일 다투면서 나보고 그 싫은 결혼을 하라고 재촉하니 정말 싫었다. 나는 결혼하면 남편을 잃을 수도 있다고 생각했다. 그러나 신앙을 하면서 생각을 바꾸고 결혼을 결심했다. 신앙을 돈독히 하면 대난은 소난으로, 소난은 무난으로 만들어주신다고 했으니 믿고 있으면 도와주시겠지 하고 살았다. 전에 써놓은 것처럼 열심히 신앙해서 남편을 구했다. 이 신기한 경험을 해본 사람은 안다. 신은 있다. 인정하게 된다. 생각만 바꾸면 운명은 얼마든지 바꿀 수 있다는 걸 알게 되었다. 내가 포기한 것이지 다른 사람이 포기한 것이 아니다. 운명을 바꾸는 길을 천리교에서 알려준다. 사람마다 경우가 다르므로 신앙을 해봐야 내 운명이 무엇인지 알게 된다.

남편을 만난 것도 신기하다. 나는 꿈이 잘 맞는다. 어느 날 꿈에 모자를 쓴 검은 사람이 보였다. 나는 순간 "저리 가! 싫어!" 하고 고함을 쳤다. 그러자 엄마가 놀라서 쫓아와 나를 깨웠다. 그 꿈을 꾸고 얼마 안 있어서 결혼식을 했는데 폐백을 할 때 신랑이 사모관대를 쓴 모습을 보고 '어! 일전에 꿈에서 본 모습이네.' 하고 생각이 났다. 그렇다. 나는 결혼식을 하

5장_ 항상 감사를 선택하라

는 꿈을 꾼 것이었다. 부모님이 소원하는 결혼은 그렇게 해서 하게 되었다. 결혼식에 참석한 친구가 너의 친정 부모는 좋아서 함박웃음을 지었고 시댁 어르신은 얼굴을 찌푸리고 계신다고 말했다. 친정 부모는 노처녀가 시집가니 좋았고 시부모님은 팔을 다쳐서 아픔을 참고 결혼식에 참석하셨기 때문에 얼굴을 찌푸린 것이다. 좋은 일에 꼭 마가 낀다고 한다. 아마도 그것일 것이다.

나는 가끔은 내 전생이 궁금하다. 그래서 타로에 전생 점을 몇 번 보았다. 다양하게 나온다. 신이었던 적이 있고, 왕이었던 적이 있고, 귀족도 있고, 일본 기생이었다는 것도 있다. 어떤 것도 확실하지는 않지만 내가 평범하지 않다는 건 안다. 그래서 또래의 친구들과 어울리지를 못했다. 친구를 사귀어도 나를 끌어줄 친구만 사귄다. 다행히 내가 어려울 때 도와주는 친구가 항상 한 명씩은 있다. 정신적으로 도와준다. 나를 도와주는 친구들에게도 감사하다.

내가 받기만 하고 준 것이 없어서 미안하기도 하다. 나는 성공하면 친구를 도와줘야겠다. 내 마음속에 있는 친구는 손에 꼽을 만큼 적다. 그리고 고맙다.

마지막으로 〈한책협〉이다. 만난 시간은 짧지만 임펙트가 강하다. 그동안 내가 살아온 것들을 축약해주고 다듬어준다. 완성품을 만든 작업을 하는 곳이다. 그래서 책 쓰기를 하고부터는 내 인생을 깨끗하게 정렬하고 마무리하는 것을 느낀다. 〈한책협〉도 신기하다. 자잘한 내 고민이 하나둘 깨끗이 청소를 한 것처럼 없어지고 답을 주고 한다. 존경하는 대표 코치님의 일대기를 보면 삶이 평탄하지는 않으셨다. 오직 책을 쓰는 일에 모든 것을 바쳤으며 또한 많은 제자를 만들어서 그 사람들에게 성공과 삶의 의미를 심어주셨다. 나도 그 대열에 들어선 것을 영광으로 알고 감사하게 되었다. 책에는 영혼 세계, 의식 세계, 성경 공부, 성공학 등등 삶에 필요한 모든 것이 있다. 나는 지금 있는 자리에서 한 단계 업그레이드됐다. 또 다른 삶이 나에게 다가오는 걸 안다. 내가 집안의 어려움을 느끼듯이 이번에도 느낀다. 좀 더 나아진다는 사실을 그래서 나는 매일 감사의 기적을 경험하고 있다.